Brève histoire des peuples de la Nouvelle-France

DU MÊME AUTEUR

Peasant, Lord and Merchant : Rural Society in Three Quebec Parishes, 1740-1840, University of Toronto Press, 1985.

The People of New France, University of Toronto Press, 1997.

The Patriots and the People. The Rebellion of 1837 in Rural Lower Canada, University of Toronto Press, 1993 ; *Habitants et Patriotes. La Rébellion de 1837 dans les campagnes du Bas-Canada*, Boréal, 1997.

Allan Greer

Brève histoire des peuples de la Nouvelle-France

traduit de l'anglais par Nicole Daignault

Boréal

Les Éditions du Boréal remercient le Conseil des Arts du Canada ainsi que le ministère
du Patrimoine canadien et la SODEC pour leur soutien financier.

Illustration de la couverture : *L'Amérique divisée selon l'étendue de ses principales parties*, Archives
nationales du Canada, NMC 26825.

© 1997 University of Toronto Press pour l'édition anglaise
© 1998 Les Éditions du Boréal pour l'édition française
Dépôt légal : 3e trimestre 1998
Bibliothèque nationale du Québec

Diffusion au Canada : Dimedia
Diffusion et distribution en Europe : Les Éditions du Seuil

L'édition originale de cet ouvrage a été publiée par University of Toronto Press sous le titre *The People*
of New France.

Données de catalogage avant publication (Canada)
Greer, Allan

    Brève histoire des peuples de la Nouvelle-France
    Traduction de : The People of New France.
    Comprend des réf. bibliogr. et un index
    ISBN 2-89052-914-2

    1. Canada – Conditions sociales – Jusqu'à 1763. 2. Canada – Mœurs et coutumes – Jusqu'à 1763.
I. Titre.

FC350.G7314   1998   971.01'8   C98-940948-1

À Louise Dechêne

Remerciements

Bien des gens ont concouru à mener ce livre à bon port et je veux brièvement les remercier tous sincèrement. Je dois à Gwen Schulman la recherche concernant le procès de l'esclave Angélique et Carolyn Podruchny a préparé la carte et l'index. Louise Dechêne, Brenda Gainer, Ralph Greer, Jan Noël et Tom Wien, lecteurs du manuscrit, m'ont évité bien des erreurs de style et de contenu. J'ai aussi profité de la critique réfléchie et poussée de mes étudiants du cours « Histoire 362 » à l'Université de Toronto. Je dois remercier encore Beverley Beetham Endersby, mon éditrice. Exigeant et rigoureux, pourtant toujours encourageant, Craig Heron, directeur de collection, a su maintenir un juste équilibre. Sa position d'historien, spécialiste d'autres champs et d'autres siècles, m'a apporté cette idéale « perspective du dehors » nécessaire pour peaufiner le texte d'introduction portant sur le régime français. Bien que moins directement concernés par mon livre, les directeurs associés chez University of Toronto Press, Franca Iacovetta et Gerry Hallowell, m'ont aussi donné leurs précieux commentaires et m'ont facilité la tâche. J'aimerais enfin remercier la traductrice, Nicole Daignault, pour son superbe travail, et aussi Paul-André Linteau.

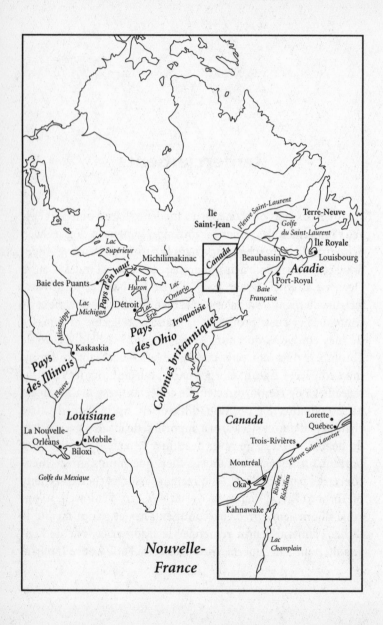

Introduction

Lorsque les puissances européennes imposent leur présence dans l'Est de l'Amérique du Nord au XVIIe siècle, la France joue un rôle de premier plan. L'abondance de la morue de l'Atlantique conduit d'abord les Français sur les côtes du continent, puis la traite des fourrures les attire dans l'estuaire du Saint-Laurent et ils finissent par établir des colonies permanentes en Acadie (l'actuelle Nouvelle-Écosse) et en « Canada » (aujourd'hui, le Québec). Plus tard, après 1700, de nouvelles colonies sont fondées : la Louisiane, sur le golfe du Mexique, la colonie des Illinois, le long du Mississippi, Détroit, sur les bords du lac Érié, et l'île Royale, très loin à l'est, aujourd'hui l'île du Cap-Breton. Ces petites enclaves de peuplement européen sont séparées par de vastes territoires occupés par les peuples autochtones, mais que la France, avec toute l'arrogance de l'impérialisme, prétend néanmoins posséder. Il existe, bien sûr, une réelle présence française dans la vallée du Mississippi et dans la région des Grands Lacs, mais elle est faite de réseaux de communication, de fortins, de postes de traite et d'alliances avec les Amérindiens. Elle ne repose pas sur une véritable domination coloniale. À cette époque, lorsqu'on parle de « la Nouvelle-France », bien souvent, il s'agit de cet ensemble de peuplements européens jetés aux quatre vents, de ces avant-postes, de ces sphères d'influence et de ces prétentions territoriales : tout ce qui constitue l'empire français de l'Amérique septentrionale. Au sens large du terme, telle est la Nouvelle-France.

Ce terme a aussi un sens plus restreint. Il est fréquemment utilisé comme synonyme de « Canada », qui représente, à proprement parler, un territoire comprenant les villes de Québec et de Montréal, et les fermes qui jalonnent les rives du Saint-Laurent. Cette contrée est de loin la plus densément peuplée de l'Amérique du Nord française. Le Canada sert de quartier général politique et militaire à la grande Nouvelle-France que nous venons d'évoquer. Puisque 90 pour 100 de la population européenne de l'empire y est concentrée, il n'est pas étonnant que les contemporains aient eu tendance à confondre cette colonie, la première en importance de l'Amérique du Nord française, avec la Nouvelle-France elle-même.

Dans ce livre sur les peuples de la Nouvelle-France, nous exploitons sans vergogne l'ambiguïté du vocabulaire géographique de l'époque. Le point de mire de la majeure partie de l'ouvrage est la société coloniale du Canada, mais un dernier chapitre est réservé au survol de cette Nouvelle-France plus vaste, qui s'étend à l'est et au sud-ouest du Canada de l'époque.

Comme la plupart des colonisateurs des Amériques, les Français croissent et se multiplient sur les décombres des villages amérindiens. Nous savons que les rives du Saint-Laurent étaient couvertes de villages iroquoiens quand Jacques Cartier les visita dans les années 1530. Mais, au début du XVIIe siècle, ce peuple a complètement disparu, ne laissant qu'un territoire faiblement occupé, fréquenté par de petites bandes nomades de Montagnais et d'Algonquins. Qu'est-il advenu des Iroquoiens du Saint-Laurent ? Ont-ils été décimés par les épidémies ? Ont-ils été victimes de la guerre ? Ou bien ont-ils simplement déguerpi ? Quelle que soit la cause exacte de ce dépeuplement, il semble clair qu'au bout du compte il découle de l'intrusion des marchands et des explorateurs européens. En plus des expéditions officielles de Cartier, d'innombrables visites de pêcheurs et de chasseurs de baleines ont lieu durant le XVI⁰ siècle. Vers la fin de cette période, les navires qui mouillent dans le Saint-Laurent ont pour but avoué d'acheter aux habitants de la région leurs fourrures. Sans doute sans le vouloir, ces visiteurs du XVI⁰ siècle préparent l'espace où prendront pied plus tard les nouveaux venus français. Ceux-ci s'y établissent et, petit à petit, transforment la vallée du Saint-Laurent en un lieu à prédominance européenne et où l'on retrouve les plantes, les animaux et, en nombre toujours croissant, la population du « Vieux Monde ».

C'est en 1608, au moment même où les Anglais et les Hollandais s'implantent ailleurs sur le continent, que les Français fondent à Québec un établissement permanent. Les Montagnais et les Algonquins, dont c'est le territoire de chasse au début des années 1600, accueillent ces nouveaux venus comme des alliés et des partenaires de traite. D'abord une poignée seulement, ces derniers s'installent dans ces terres, non pas en envahisseurs conquérants, mais comme une nouvelle tribu qui se greffe sur le réseau sociopolitique autochtone de l'Amérique du Nord. Ils s'allient rapidement à la plupart des peuples nordiques, mais cette alliance leur vaut des conflits avec les ennemis de leurs alliés, la Confédération iroquoise des Cinq-Nations, qui vit au sud du lac Ontario.

Longtemps, l'immigration française dans la colonie canadienne n'est qu'un mince filet. Beaucoup plus isolée de l'Europe que ne le sont la Virginie, le Massachusetts ou la Nouvelle-Hollande, la Nouvelle-France souffre en outre d'un climat inhospitalier et d'une très criante absence d'or et d'argent, que les Européens considèrent comme la juste récompense de la conquête du Nouveau Monde. Ainsi, 58 ans après la fondation de Québec, on ne trouve dans la colonie que 3 200 colons français, pour la plupart dans la minuscule capitale et ses alentours, ou en amont, dans les établissements plus récents de Trois-Rivières (1634) et de Ville-Marie (1642). Pendant une bonne partie de cette première période, la colonie relève de la Compagnie des Cent-Associés, qui est à la fois un organe de l'État et une entreprise à but lucratif, à l'instar des compagnies qui sont à l'origine de la fondation de la Virginie et de la Nouvelle-Hollande.

En 1663, le jeune roi Louis XIV dissout la Compagnie des Cent-Associés et prend en main les rênes du gouvernement du Canada qu'il confie à son ministre de la Marine, l'énergique Jean-Baptiste Colbert. Dans la colonie, l'administration est restructurée et uniformisée, puis placée sous la surveillance étroite du ministre, en France. Louis XIV et Colbert se sont lancés dans un vaste programme qui vise à favoriser l'essor du commerce et de l'industrie dans le royaume et son empire d'outre-mer. Cette révolution du gouvernement colonial n'est qu'une infime partie d'un plan beaucoup plus vaste qui couvre la France et ses possessions d'Amérique du Nord et des Antilles. Au Canada, cela signifie non seulement la réorganisation politique, mais encore une intense campagne pour le développement démographique, militaire et économique de la colonie. Pendant les années 1660 et le début des années 1670, Louis XIV engouffre argent, soldats et colons dans la vallée du Saint-Laurent, ce qui a pour résultat de transformer rapidement le Canada : de camp de base pour les missionnaires, les marchands et les explorateurs, il prend l'allure d'une communauté européenne, d'une « nouvelle France » au plein sens du terme. Les exploitations de blé des paysans canadiens bordent les rives du Saint-Laurent. Comme en France, la vie urbaine y est dominée par les marchands, les communautés religieuses et les nobles ; les lois, le gouvernement et le mode de tenure de la colonie calquent ceux de la mère patrie.

Cependant, des différences apparaissent, dont la plus notable concerne la population indigène. Mise à part la présence prépondérante des Autochtones au nord et à l'ouest des établissements laurentiens, de nouveaux villages amérindiens surgissent aux abords de Québec et de Montréal. Tandis que les colons français accostent à Québec pendant la courte flambée d'immigration des années 1660 et 1670, la population indigène du Canada est elle-même grossie par l'arrivée d'immigrants du Sud. Ces mouvements convergents de peuples donnent à la société naissante un visage composite, à caractère fortement français mais métissé d'un important élément amérindien.

L'histoire de la Nouvelle-France est marquée par les guerres avec les Iroquois pendant presque tout le XVIIe siècle et par les affrontements avec les Anglais, qui prennent l'aspect de conflits intermittents mais de plus en plus violents, entre 1689 et 1713, puis de 1745 jusqu'à la chute de la Nouvelle-France en 1760. Les politiques gouvernementales changent, des lois sont adoptées, les cycles économiques de récession et de prospérité se succèdent, les explorateurs dressent la cartographie de régions inconnues, des héros se révèlent puis sombrent dans l'oubli.

Ces événements sont relatés dans des dizaines d'ouvrages historiques. Cependant, ils occupent peu de place dans le présent ouvrage, qui s'intéresse aux caractéristiques plus durables de la vie dans la colonie laurentienne. Mon but est de décrire, dans ses aspects essentiels, « le cadre de la vie quotidienne » — naissance, mort, mariage, alimentation, travail, sentiment d'appartenance, race, classe sociale, etc. — durant le siècle qui sépare l'intervention royale des années 1660 — laquelle favorise l'émergence d'une société coloniale bien définie — et la fin du régime français.

Pareille approche descriptive fait courir le risque que la politique, les conflits et les autres facteurs de la dynamique du changement soient occultés dans un portrait qui met en lumière l'harmonie et la stabilité. J'espère avoir évité le piège qui guette l'histoire sociale, mais il me faut reconnaître qu'un ouvrage véritablement exhaustif devrait porter beaucoup plus d'attention que ne le fait cette courte synthèse aux changements dans le temps et inclure plus de détails concernant la criminalité, la justice, l'opinion publique, les conséquences de la guerre, et mille et un autres sujets.

En tentant de comprendre l'histoire sociale de la Nouvelle-France, je m'inscris dans une longue lignée d'interprètes de cette histoire qui remonte au XIXe siècle, et même au-delà. Les historiens canadiens-français, de François-Xavier Garneau, au cours des années 1840, jusqu'à Guy Frégault, pendant les années 1960, ont tendance à étudier le régime français sous l'angle du nationalisme. Ils voient dans son histoire la naissance d'une nation : disciplinée, dévote et perpétuellement sous la menace de l'ennemi. Leurs récits mettent en scène des hommes illustres, mais c'est la destinée du peuple qui leur importe, soit le peuple blanc, canadien-français. Abandonné de la France, conquis par l'Angleterre, il est dépeint comme la tragique victime de l'impérialisme mondial. Les historiens anglophones ont également tendance à considérer le peuple de la Nouvelle-France d'abord et avant tout du point de vue de son rôle dans la colonisation, la guerre et la Conquête. Pendant de nombreuses années, les écrits les plus influents furent ceux de Francis Parkman, un historien de Nouvelle-Angleterre de l'ère victorienne. La grande épopée de Parkman dépeint la lutte entre la France et l'Angleterre comme un conflit essentiellement moral, dans lequel se mesurent les forces de l'absolutisme et celles de la liberté. Loin d'être la victime innocente des machinations impérialistes, le jeune

Canada français est, dans cette épopée, partie prenante du drame. Pour Parkman, presque chaque aspect de la société de la Nouvelle-France est frappé du sceau du despotisme royal et écrasé par une Église outrecuidante : la colonie souffre d'une tare irrémédiable, la Providence la destine donc à l'inévitable défaite.

Plus tard, les historiens fidèles à la tradition de Parkman, américains et canadiens-anglais, considéreront eux aussi la société de la Nouvelle-France comme intrinsèquement déficiente. Plus soucieux de ménager la sensibilité des Canadiens français, ils formuleront leurs critiques moins brutalement que ne le fait le peu subtil Bostonnais. Leur approche n'en est pas moins pathologique. Leurs recherches, tandis qu'ils remontent le temps depuis la Conquête, visent à découvrir le vice fondamental du projet de colonisation française. Où se loge la faille ? se demandent ces historiens. S'agit-il d'une insuffisance de la bourgeoisie : pauvreté, incompétence, absence d'esprit d'entreprise ? La faute est-elle imputable aux habitants (les colons paysans) et à leurs méthodes de culture archaïques ? Les ouvriers sont-ils trop peu nombreux, ou simplement malhabiles ? Faut-il incriminer la traite des fourrures, l'attrait des étendues vierges et du mode de vie des indigènes qui y est associé et qui est propre à détourner l'attention des colons de cette sérieuse affaire qu'est la vie ? Les écrits historiques de langue anglaise fournissent diverses réponses, mais la question est toujours la même : quel est le talon d'Achille de la Nouvelle-France ? Plus récemment, W. J. Eccles a élaboré une théorie à rebours de la thèse de Parkman, dans laquelle il tente de présenter sous un jour favorable chacun des aspects autoritaires du régime français.

Si l'historiographie anglophone continue de tirer des événements politiques et de la personnalité des acteurs des conclusions quant aux réalités sociales, une nouvelle génération de chercheurs canadiens-français préfère s'arrêter directement et exclusivement sur la société elle-même. Plutôt que de chercher la cause de la chute de la Nouvelle-France, ces chercheurs se demandent comment on y vivait. En général, ils croient que les circonstances matérielles ont joué un rôle plus fondamental que l'impérialisme de Colbert ou les pratiques corrompues de Frontenac. Ces historiens et, au premier chef, Louise Dechêne, choisissent leurs sources dans cette perspective. Les études de Dechêne se fondent surtout sur les minutes des notaires, les registres paroissiaux, l'enregistrement des titres de propriété et s'appuient moins sur la correspondance et les rapports des représentants du gouvernement et des dignitaires de l'Église, c'est-à-dire sur ces sources élitistes auxquelles ont coutume de s'abreuver les historiens. Dechêne conclut que le Canada avait fondamentalement la même configuration sociale d'Ancien Régime que la France. Ma propre interprétation doit énormément à ce dernier groupe d'historiens et je partage leur vision de la société de la Nouvelle-France à bien des égards. Bien que je sois sans doute moins enclin qu'eux à privilégier les facteurs économiques, comme eux je mets l'accent sur le cadre de la vie quotidienne.

L'histoire sociale traditionnelle du régime français au Canada est celle de l'homme blanc, tandis que les femmes, les Noirs et les Amérindiens y jouent des rôles de figurants. Aujourd'hui, des chercheurs fouillent les sources pour tenter de découvrir quelques traits concernant ces groupes marginalisés. Il reste beaucoup à faire, mais en attendant j'ai voulu rendre compte des résultats des recherches les plus récentes, et par conséquent ce livre va beaucoup plus loin que ne le font les études précédentes, car son champ de préoccupations englobe toute la population de la Nouvelle-France.

Brève histoire des peuples de la Nouvelle-France reflète mon désir de présenter le régime français tel qu'il fut, plutôt que comme le prélude de choses à venir. Bien sûr, il serait ridicule de croire qu'on puisse jamais décrire une époque révolue « telle qu'elle fut », comme si les gens de ce temps parlaient d'une seule et harmonieuse voix, et comme si celle-ci était intelligible et transparente aujourd'hui. Néanmoins, il faut faire l'effort de regarder le Canada des XVIIe et XVIIIe siècles tel qu'il était, plutôt que de chercher à y voir la version imparfaite de ce qu'il aurait dû être ou l'embryon de ce qu'il allait devenir. Ce livre est donc une tentative pour libérer une portion du passé de la mortelle emprise du présent. Il vise à mettre en évidence le mode de vie, la façon de voir les choses et la mentalité de l'immigrant français, de l'Agnier (ou Mohawk) de Kahnawake, du marchand et de la servante. Ces aspects sont présentés, non pas comme les symptômes d'une irrémédiable tare métaphysique, non pas comme des présages de la défaite ou comme la source de l'émergence d'un caractère national permanent, mais d'abord et avant tout comme des sujets dignes de notre attention, en eux-mêmes et par eux-mêmes. Les gens dont il est question dans ces pages sont fort différents de leurs descendants dans le Québec d'aujourd'hui, ou de tout autre individu qui vit en cette fin du XXe siècle. Là réside leur intérêt.

Chapitre premier

La population

1658
Le premier jour de novembre a été baptisé Henry fils de Éloy
Jary dit La Haye, charron, et de Jeanne Merrin, sa femme. Le
parrain Henry Perrin, habitant. La marraine, Élisabeth Bobi-
net, femme de Paul Benoist Charpentier dit Le Nivernois.

Henry Jary fait partie de ces « petites gens » qui sont inconnus de l'histoire, mais les événements marquants de sa vie ne
sont pas passés inaperçus : sa naissance, son mariage, la naissance de ses enfants, sa mort ont tous été recensés. Chacun de
ces jalons a fait l'objet d'une cérémonie religieuse, et l'officiant
en a soigneusement consigné les détails dans le registre de sa
paroisse. Les registres paroissiaux de la Nouvelle-France
contiennent environ 300 000 entrées où sont consignés tous les
baptêmes, mariages et funérailles célébrés au Canada de 1621 à
1760. C'est là une source à nulle autre pareille pour les études
démographiques. À l'encontre de ce qui s'est passé dans tant de
pays européens, à peine a-t-on perdu quelques registres à cause
des ravages de la guerre ou du feu. Au contraire des futurs États-
Unis, où les registres sont tenus plus ou moins négligemment
par les diverses Églises et sectes, la Nouvelle-France est dotée

d'un système uniforme sous l'entière responsabilité de l'Église catholique. Le but premier de ces enregistrements est de prévenir la bigamie et les mariages consanguins (notion qui, à cette époque, s'applique à des degrés de parenté assez éloignés et même à des parents par alliance ou adoption), mais l'État s'intéresse aussi à ces renseignements et impose à l'Église l'obligation de lui fournir copie de tous ses registres.

Les spécialistes de la démographie historique ont tiré parti de ces archives. La technique de la « reconstitution des familles » a permis aux démographes de l'Université de Montréal de répertorier cette matière brute et de l'analyser grâce à l'ordinateur. Pour chaque habitant de la colonie, ils ont rassemblé ces données éparpillées (ce qui n'est pas aussi facile qu'il y paraît, étant donné la mobilité des gens, la fréquence des surnoms et l'absence de graphie uniforme) et les ont regroupées par familles, de sorte qu'ils peuvent établir à un jour près des renseignements tels que l'âge de l'individu quand il se marie, procrée et meurt. Ils ont pu ainsi faire des analyses poussées de la fécondité, de la mortalité et de la nuptialité. Grâce aux sources premières exceptionnelles sur la Nouvelle-France aussi bien qu'aux progrès réalisés par la science de l'étude des populations au Québec, le Canada français des origines est devenu un laboratoire hautement perfectionné pour les études démographiques. Nous verrons plus loin comment la population y a crû, mais commençons par examiner l'immigration, sur laquelle les registres paroissiaux ont fort peu à dire.

Si la population de la colonie augmente grâce surtout à l'accroissement naturel, elle a tout de même eu besoin d'un « stock de départ ». En tout, 27 000 Français passent par le Canada au cours du siècle et demi qui précède la Conquête et, de ceux-ci, les deux tiers environ retournent au pays natal sans laisser de progéniture (surtout des soldats, des administrateurs et des travailleurs sous contrat). Cela donne à penser que, dans la recherche de leurs origines, les six millions de Canadiens français d'aujourd'hui peuvent remonter à quelque 10 000 premiers immigrants. Le Canada étant la principale colonie de peuplement de la France — alors le pays le plus peuplé d'Europe — ce nombre d'immigrants semble extraordinairement faible, surtout si l'on songe aux colonies anglaises, les futurs États-Unis, qui reçoivent plus de un million d'immigrants, dont la plupart proviennent d'un pays dont la population ne s'élève qu'au quart de celle de la France. Ce n'est certes pas qu'il n'y ait pas de misère en France sous l'Ancien Régime, et il ne fait pas de doute que la traversée de l'Atlantique pourrait améliorer considérablement le sort matériel de la plupart de ses habitants. Pourquoi donc si peu d'entre eux tentent-ils l'aventure ? La réponse se trouve dans la combinaison des « facteurs d'attraction » (l'attrait du Canada pour les immigrants potentiels), des « facteurs de pression » (la tendance de la France à créer des émigrants) et des efforts de l'État visant à canaliser et à régulariser les migrations.

Dans la métropole, l'image de la Nouvelle-France est loin d'être idyllique. La rigueur de son climat hivernal est bien connue et les missionnaires jésuites ont amplement relaté les horreurs de la guerre avec les Iroquois. Pour tenter d'accroître la population, l'État envoie dans la colonie des hommes liés par contrat d'apprentissage ou des soldats, ce qui crée une confusion entre immigration et servitude dans l'esprit du peuple. On se plaint de ce que le Canada est toujours perçu comme le pays du bout du monde et comme un exil qui équivaut à la mort civile. Un jour, en passant par une petite ville de Normandie, un groupe de futurs colons déclenche une émeute, car les citadins refusent de croire que les voyageurs quittent la France de leur plein gré et insistent pour les « délivrer » de l'exil colonial qui les attend. Les dangers de la vie au Canada sont exagérés, et les

L'image de la NF

avantages économiques, surtout pour les masses paysannes, ne sont pas suffisamment mis en valeur, encore que le niveau de vie de la colonie ne soit pas tellement supérieur à celui de la France.

La piètre image du Canada n'est pas l'unique raison du peu d'importance de la migration transatlantique. Le fait est que les Français des XVIIe et XVIIIe siècles préfèrent rester en France. Non seulement ils dédaignent les charmes frileux de la Nouvelle-France, mais encore ils montrent fort peu d'inclination à émigrer où que ce soit. Les Anglais, les Écossais, même les Allemands, dépourvus d'État et, par conséquent, de colonies, sont beaucoup plus enclins à émigrer. Ces autres nations ne semblent pas plus pauvres ou plus surpeuplées que la France ; pourquoi alors s'y déracine-t-on en si grand nombre alors que les Français se refusent à l'exil ? Quoique cette question soit du ressort des sociohistoriens européens, ma propre hypothèse attribue la sédentarité française d'abord et avant tout à la force relative de la paysannerie en France. Dans toute l'Europe de cette époque, les paysans forment la majorité de la population et, dans certains pays, particulièrement dans les îles Britanniques, ils sont très vulnérables et peuvent se voir déposséder par le phénomène de la clôture des terres ou par l'éviction. Grossissant les rangs des chômeurs urbains, ces fermiers sans terres alimentent la demande d'émigration outre-mer. En France, en revanche, les paysans ont réussi à maintenir une tenure plus sûre, et les propriétaires fonciers peuvent moins facilement se débarrasser des métayers « en surnombre ». Il est possible aussi que les pratiques successorales y aient découragé l'émigration. Sous l'Ancien Régime, la coutume veut que la propriété soit répartie également entre tous les enfants, chacun recevant une part des biens de la famille, si petite soit-elle. Dans d'autres pays, la loi permet souvent une plus grande inégalité : certains enfants héritent de la propriété, les autres doivent chercher fortune ailleurs.

En plus de ces facteurs socioéconomiques « d'attraction » et de « pression », la migration vers la Nouvelle-France est encore tributaire de la politique gouvernementale, en particulier des décrets excluant les huguenots (les protestants français). Parmi les Français, les protestants émigrent en grand nombre, surtout après la révocation de l'édit de Nantes (1685), qui met fin au libre exercice de leur culte. Des centaines de milliers d'entre eux se réfugient alors dans d'autres pays d'Europe de même que dans les colonies britanniques de l'Amérique du Nord, mais il leur est interdit de s'installer en Nouvelle-France, de sorte que, pendant un certain temps, on trouve davantage de francophones à New York qu'au Canada. Ainsi, la politique religieuse joue un rôle en empêchant l'arrivée d'une des principales catégories de colons potentiels, bien qu'il soit impossible d'en mesurer l'ampleur, car on ne peut tenir pour acquis que de nombreux protestants auraient choisi le Canada s'ils l'avaient pu. Par contre, le gouvernement français contribue réellement à la migration des catholiques vers la colonie par divers règlements maritimes et programmes de subvention. En conséquence, le plus important déplacement de population vers la Nouvelle-France se produit au cours des années 1660 et 1670, lorsque Louis XIV lance un ambitieux programme de développement colonial et d'immigration subventionnée. Mais encore, les arrivées ne se chiffrent qu'à environ 250 par année au cours de ces décennies où l'immigration atteint son sommet.

Pendant toute la durée du régime français, l'immigrant typique est pauvre, de sexe masculin et célibataire. Peu de couples ou de familles traversent l'Atlantique, mais plusieurs individus y suivent un frère ou un parent. En général, sans appartenir aux couches les plus misérables, ils semblent dangereusement frôler l'indigence au moment de s'embarquer. La moitié ou presque vient des villes, de Paris principalement, bien

qui émigre ?

que plusieurs de ces déracinés soient originaires de la campagne et citadins de fraîche date. Il est tout de même singulier de constater la souche fortement urbaine des colons immigrant dans un pays à prédominance rurale et agraire. Si l'on se fie aux métiers dont ils se réclament, la plupart d'entre eux sont artisans et bien peu ont pratiqué l'agriculture. Toutes les provinces de France contribuent au peuplement du Canada, mais la masse des émigrants est issue de l'Ouest du royaume, surtout du port atlantique de La Rochelle et de sa région, de Paris, de Rouen et du Perche.

La plupart de ces hommes arrivent à Québec soumis à une forme ou à une autre de servitude. Quelques-uns ont été bannis par les tribunaux ou par lettre de cachet. Mais bien plus nombreux — en fait, la majorité des immigrants du XVIIe siècle — sont les « engagés » : des ouvriers qui signent un contrat pour servir au Canada pendant trois ans en échange de la nourriture et du logement, d'un petit salaire et du paiement des frais du voyage de retour. Leurs maîtres sont en général des colons, des marchands ou les communautés religieuses, mais leurs services peuvent être achetés, vendus ou loués. Ils sont chargés de tout le gros travail dans la colonie naissante. Ils déchargent les navires, construisent les édifices, défrichent la forêt en vue des labours. Il leur est interdit de se marier et de faire du commerce pour leur propre compte, et s'ils tentent de s'enfuir, ils sont passibles de sévères châtiments : le fouet, le marquage au fer rouge ou même la peine capitale. Il n'est pas étonnant que, une fois leur contrat terminé, plusieurs engagés choisissent de rentrer en France, mais la moitié environ reste dans la colonie, se fondant dans la paysannerie ou poussant vers l'Ouest à la recherche de fourrures.

Au XVIIIe siècle, la garnison militaire devient le principal débouché des nouveaux immigrants français. Les hommes des troupes de la marine (ceux qui n'ont pas rang d'officier) sont presque tous recrutés parmi les éléments marginaux et défavorisés des villes du royaume. Les techniques de recrutement incluent le « racolage », l'usage de subterfuges et la coercition ; cela peut même aller jusqu'au rapt, courant mais passé sous silence. Il est donc impossible de savoir combien de soldats viennent au Canada de leur plein gré. Chaque année, le gouvernement colonial démobilise un certain nombre d'hommes qui s'engagent à se marier et à s'établir définitivement dans la colonie. Comme la durée du service militaire est indéterminée, plusieurs sont heureux de se libérer ainsi.

Si les soldats et les engagés forment le gros de l'immigration masculine, le plus grand nombre de femmes immigrantes est constitué par les « filles du roi », terme par lequel les historiens désignent les jeunes filles qui arrivent entre 1663 et 1673 grâce au programme royal d'immigration subventionnée. À cette époque, les hommes blancs en âge de se marier sont six fois plus nombreux que les femmes célibataires au Canada, et le gouvernement est résolu à encourager la procréation en équilibrant le rapport des sexes. Bien sûr, on pourrait trouver des épouses plus près, chez les Autochtones, mais si on a pensé à encourager les mariages mixtes entre Français et Amérindiennes au début du XVIIe siècle, l'idée en est plus ou mois abandonnée en 1660. Ainsi peut-on voir en ce programme des « filles du roi » le signe d'une orientation raciale autant qu'un plan de développement démographique. Quoi qu'il en soit, environ 770 femmes débarquent, la plupart âgées de moins de vingt-cinq ans, en majorité orphelines (« enfants du roi »). Plus encore que les immigrants de sexe masculin, les femmes ont des antécédents urbains : elles viennent presque toutes de La Salpêtrière, ce gigantesque hôpital-asile de Paris. Elles traversent l'Océan, accostent à Québec et plongent tête première dans la vie de la société coloniale.

27

Quelques semaines après l'arrivée, la plupart ont déjà fait leur choix parmi les ardents célibataires, se sont mariées et sont en route vers la ferme d'un pionnier.

Une mise au point au sujet de la légende des filles du roi s'impose ici. Depuis le XVIIe siècle, la situation de ces dernières a donné lieu à bien des fantasmes lubriques chez les esprits sexistes. Les contemporains de ces femmes aimaient à les désigner du terme de « marchandise » et déclaraient à qui voulait l'entendre qu'il s'agissait certainement de prostituées cueillies dans les rues de Paris, puis étalées devant une clientèle d'habitants grossiers et libidineux. (Jamais n'a-t-on pensé une seule seconde que ces femmes aient pu être les « clientes », et les hommes, l'objet d'un minutieux examen sur ce marché matrimonial.) Dans le contexte de l'époque, une telle réaction n'a rien de remarquable. Après tout, il s'agissait de jeunes femmes soustraites à l'autorité parentale — quoique chaperonnées — qui n'étaient pas enfermées dans l'enceinte bien gardée d'un établissement. Qui plus est, elles se mariaient sans l'entremise de la famille. Elles frôlaient ainsi les limites du désordre sexuel, et cela faisait d'elles, selon la conception du temps, des femmes de mœurs légères. Le seul aspect surprenant de cette affaire, c'est que des écrivains modernes reprennent cette vieille scie des « filles de mauvaise vie » mises à l'encan matrimonial. D'autres, plus chevaleresques mais tout aussi naïfs, se lancent à la poursuite de preuves tangibles qui garantissent la moralité des « filles du roi ». Bien peu semblent prendre cette légende pour ce qu'elle est : un précieux indice de l'idéologie sexiste de l'Ancien Régime.

Si l'immigration d'outre-mer en Nouvelle-France est française presque à 100 pour 100, il y a aussi une migration autochtone dans la vallée du Saint-Laurent au XVIIe siècle. Il ne s'agit pas bien sûr d'immigration au sens conventionnel du terme, puisque ces peuples se relogent sur un territoire qu'ils considèrent très évidemment comme le leur. Même lorsqu'ils s'installent près des Français et reconnaissent l'autorité de leur roi, ils conservent souvent un large degré d'autonomie et de souveraineté. Il n'en demeure pas moins que de nombreux Agniers et autres Iroquois de la Confédération des Cinq-Nations migrent de leurs bourgades situées dans ce qui est aujourd'hui le Nord de l'État de New York vers la région de Montréal. Ils arrivent surtout durant la période de paix relative qui s'étend de 1667 à 1684. Venant s'ajouter aux Hurons réfugiés et aux Algonquins du Nord-Ouest, les Abénaquis du Nord de la Nouvelle-Angleterre quittent aussi leurs villages pour grossir la population des établissements canadiens. Les registres sont très incomplets, et il y eut toujours beaucoup de va-et-vient ; on peut donc difficilement chiffrer cette « immigration » autochtone, mais elle s'exprime en milliers d'individus. Dans la région montréalaise, les nouveaux venus indigènes dépassent certainement en nombre les nouveaux immigrants français pendant presque toute la seconde partie du XVIIᵉ siècle.

Au fur et à mesure que le temps passe, la proportion de la population autochtone par rapport à celle des Blancs décline. (On se réfère ici uniquement à la vallée du Saint-Laurent ; le reste du territoire que nous nommons maintenant le Canada demeure entièrement amérindien.) Comme leurs migrations, le comportement démographique des indigènes ne peut être mesuré avec précision, mais il semble certain que cette portion de la population n'augmente pas aussi rapidement que le nombre des Français, et il n'est pas difficile d'en deviner la cause. Même après la terrible hécatombe qui accompagne leur première exposition aux microbes et aux virus importés, pendant très longtemps les Premières Nations demeurent vulnérables aux maladies européennes. Année après année, les relations des missionnaires font état de nouveau-nés et d'enfants rappelés au ciel, victimes de fièvres innommées. Les Iroquois et les Abénaquis christianisés qui survivent jusqu'à l'âge adulte résistent mieux à la maladie, mais les hommes sont fauchés par les guerres qu'ils livrent pour le compte du roi de France. Conséquence du nombre terrifiant des victimes, les villages amérindiens du Canada sont peuplés de veuves, et le taux de natalité y demeure peu élevé. Cette faible fécondité est compensée jusqu'à un certain point par l'adoption d'orphelins et de bâtards canadiens-français. Des prisonniers de guerre du Sud — Amérindiens et colons anglo-américains — sont aussi incorporés dans la population autochtone.

Le nombre de Français dans la vallée du Saint-Laurent augmente rapidement et régulièrement. Vers 1665, ils sont environ 3 000; au début des années 1680, après une importante poussée d'immigration, ils sont quelque 10 000; sept décennies plus tard, quand les Anglais prennent la colonie, on y compte à peu près 75 000 Canadiens français. C'est bien peu, mais le taux de natalité, qui amène un doublement de la population à chaque génération, est phénoménal par rapport aux taux de l'Amérique du Nord autochtone et de l'Europe préindustrielle. Ajoutons que cette augmentation est due d'abord et avant tout à l'accroissement naturel. L'immigration n'a eu pour rôle que d'amorcer le processus; ensuite, tout simplement, le nombre des naissances excède celui des décès.

Plusieurs hypothèses intéressantes ont été émises pour expliquer la ferveur procréatrice du Canada français des premiers temps. Par exemple, il y a la théorie selon laquelle les mesures gouvernementales qui récompensaient les familles nombreuses et punissaient les célibataires aient fait pencher la balance, mais le comportement des individus est rarement tributaire de la manipulation administrative, comme le démontre le taux des naissances chez les mêmes Canadiens français après la Conquête, qui reste aussi élevé quand les efforts du gouvernement pour promouvoir la fécondité sont chose du passé. La position actuelle de l'Église catholique en faveur de la famille et contre la limitation des naissances est notoire; serait-ce cette institution qui a persuadé les fidèles de se multiplier? En fait, la contraception entre époux n'existe à peu près *nulle part* avant le milieu du XVIIIe siècle. Dans ce contexte historique, le catholicisme n'est pas particulièrement nataliste et partisan de la famille. Au contraire, il diffère du protestantisme en ce domaine par son exaltation du célibat. Si la religion n'est pas la clé de l'énigme, alors — et c'est là un des fantasmes favoris des Canadiens anglais qui se plaisent à se croire moins soumis aux pulsions brutales de la nature — c'est sans doute l'effet, pensent certains, de quelque esprit charnel à l'œuvre chez les Canadiens français, activé peut-être par les longues nuits froides de l'hiver québécois. Mais cette théorie ne tient pas, car au XVIIe siècle les « chastes » puritains de la Nouvelle-Angleterre ont un taux de natalité à peu près égal à celui des habitants de la Nouvelle-France. Bien qu'elle ait un rôle à jouer dans l'accroissement de la population, la luxure, hélas, ne nous apprend rien sur les raisons pour lesquelles certaines populations augmentent plus vite que d'autres. Sur ce sujet, les plates statistiques sont plus révélatrices que la chaleur du sang ou la froidure du climat.

Après avoir analysé la croissance de la population au Canada français et l'avoir située dans un contexte international, les spécialistes de la démographie historique du Québec concluent que la colonie représente une variante à forte croissance du régime démographique de l'Europe préindustrielle. Partout dans le monde européen et colonial des XVIIe et XVIIIe siècles, la fécondité (l'incidence des naissances dans une population donnée) et la mortalité (l'incidence des décès) sont élevées selon les normes modernes. Qui plus est, les naissances hors mariage sont assez rares et la contraception ne compte à peu près pas dans la taille des familles. En termes généraux, ces observations s'appliquent aussi bien, *mutatis mutandis*, en vieille qu'en neuve France; et si la natalité est plus élevée et la mortalité plus faible dans la colonie que dans la métropole, les comportements sont essentiellement les mêmes à presque tous égards.

Les naissances en Nouvelle-France oscillent autour de 55 pour 1 000, c'est-à-dire que, pour chaque tranche de 1 000 personnes, tous les ans, 55 bébés en moyenne voient le jour. Ce chiffre est supérieur aux taux qu'on observe en Europe de l'Ouest, où il varie généralement entre 30 et 40 pour 1 000. Une autre façon de présenter la fécondité est de dire qu'habituellement les femmes mariées de la colonie mettent au monde un enfant tous les deux ans, et ce jusqu'à la ménopause. Du moment où ces femmes se marient jusqu'à quarante-cinq ans environ, les grossesses se succèdent à un rythme régulier sans qu'on puisse déceler de tentatives pour empêcher la conception. Ce cycle implacable de grossesses et d'accouchements peut nous sembler remarquable, mais il n'a rien d'exceptionnel dans le contexte de l'époque. En cette ère préindustrielle, dans tout le monde européen et colonial, la tendance veut que les femmes mariées enfantent selon ce même rythme biennal. Bien sûr, les individus suivent des modèles variables, mais quand on rassemble les données pour de larges groupes de familles, le modèle général s'affirme de façon quasi universelle d'un bout à l'autre du « monde occidental ». Cela étant, comment le taux de natalité du Canada peut-il être tellement plus élevé que ceux de la France ou du reste de l'Europe de l'Ouest? La réponse se trouve principalement dans le champ des pratiques nuptiales.

En Europe, les conditions socioéconomiques ne favorisent pas le mariage. En l'absence de contraception, se marier signifie avoir des enfants, ce que ne peuvent se permettre bien des personnes qui se trouvent au bas de l'échelle économique, surtout pendant l'adolescence et même dans la vingtaine. Souvent, les pauvres doivent attendre la trentaine avant d'espérer faire vivre une famille ; d'autres ne trouvent jamais les ressources nécessaires et mourront, après n'avoir vécu que de la pitance de la servante, du soldat ou du laquais. Plusieurs fils et filles de l'élite se voient aussi privés d'un conjoint, non pas pour cause de pauvreté, mais en vertu des stratégies économiques de leur famille. Puis il y a les mariages brisés, plus souvent par la mort que par la séparation : chaque veuve qui n'a pas atteint la ménopause est une procréatrice de moins. À moins bien sûr qu'elle ne se remarie ; mais en France, les hommes plus âgés, qu'ils soient célibataires ou veufs, préfèrent la mariée vierge, et, dans un très grand nombre de cas, les veuves restent veuves. En Europe, il résulte de tout cela des taux de natalité bien au-dessous de la capacité biologique de la population, qui découlent non de la « planification des naissances » comme nous la concevons maintenant, mais de limites économiques et d'inégalités sociales.

En revanche, en Nouvelle-France, presque tout le monde se marie, à l'exception des prêtres et des religieuses, la raison principale étant que l'économie y dresse moins d'obstacles et y offre plus d'incitations à la création d'une famille. Si on ne trouve pas de meilleur moyen de gagner sa vie, on peut toujours obtenir une terre à défricher pour nourrir les siens. En fait, il est difficile d'imaginer cette vie de pionnier sans femme ni enfants. Si l'on compare avec la France, les jeunes gens ont moins besoin d'attendre et, par conséquent, se marient plutôt jeunes. Vers le milieu des années 1660, les femmes (blanches) étant peu nombreuses, les jeunes filles subissent de fortes pressions pour se marier dès la puberté ; avant 1660, l'âge moyen des filles au premier mariage est de quinze ans. Mais cette situation est

33

temporaire. L'arrivée des filles du roi et la croissance de la population féminine née au Canada égalisent le rapport des sexes et, en 1700, l'âge moyen des jeunes mariées est de vingt-deux ans, ce qui est plus jeune que la moyenne européenne, mais pas exceptionnel. Les hommes sont un peu plus âgés : l'âge moyen du marié est de vingt-huit ans à cette époque. Puisqu'elles se marient plus tôt que les Européennes, les femmes canadiennes sont donc plus longtemps fécondes. Le fait que la mortalité soit moins élevée dans la colonie a des conséquences similaires, puisque la mort met un terme à la capacité procréatrice d'un moins grand nombre de couples. Et quand un conjoint meurt, veufs et veuves de la Nouvelle-France se remarient fréquemment après une brève période de deuil. Comme les filles se marient jeunes et que les veufs se remarient rapidement, quelle que soit la période étudiée, une large proportion de la population est toujours activement engagée dans la production biennale de sa progéniture.

Ainsi donc, la forte natalité du Canada français des origines peut s'expliquer par la conjonction du modèle démographique de l'Europe préindustrielle et des conditions économiques du « Nouveau Monde ». Point n'est besoin d'évoquer les exhortations de la religion, la « revanche des berceaux » nationaliste ou le froid des hivers. En fait, les autres peuplements européens des sociétés coloniales, ceux de la Nouvelle-Angleterre par exemple, semblent avoir une courbe de natalité équivalente (« semblent », disons-nous, car les sources concernant ces peuplements sont beaucoup moins complètes et fiables que celles reliées à la Nouvelle-France). Le véritable trait distinctif de l'histoire démographique du Canada français consiste en ce que le taux des naissances est demeuré élevé bien après que les conditions originelles d'abondance des terres ont disparu. Alors que les données suggèrent qu'en Nouvelle-Angleterre les colons commencent à pratiquer une forme de limitation des naissances au cours des décennies qui précèdent la Révolution américaine, les Québécois ruraux continuent à mettre des enfants au monde jusqu'au milieu du XXᵉ siècle sans recours apparent à la contraception. Les historiens se perdent en conjectures pour tenter d'expliquer ce déclin tardif de la natalité au Canada français moderne, mais en ce qui concerne la période précédant la Conquête, la vigoureuse constance du taux des naissances n'a rien de bien mystérieux.

Et qu'en est-il de la mortalité? La croissance de la population dépend, en fin de compte, du nombre des décès autant que du rythme des naissances. En général, on peut dire que la population de la Nouvelle-France est vigoureuse et bien nourrie, et par conséquent, pour ceux qui surmontent les périls de la petite enfance, la longévité est assez bonne. Faisant implicitement la comparaison avec les colonies tropicales des Antilles françaises, un visiteur écrit au sujet du Canada : « Il n'est pas de climat plus sain que celui-là, il n'y règne aucune maladie particulière au pays; celles que j'y ai vues régner, étaient apportées par les vaisseaux français; il y a cependant quelques femmes attaquées de goitres, ce qui provient, à ce qu'on prétend, des eaux de neige. » Les maladies endémiques ne constituent peut-être pas une menace importante, mais les Canadiens n'en savent pas moins qu'ils peuvent être emportés n'importe quand. À l'occasion, les curés du XVIIᵉ siècle indiquent la cause des décès sur les registres (exactement 4 587 fois). L'analyse de ces données révèle un nombre surprenant d'accidents et de morts violentes. (Celles-ci bien sûr sont plus susceptibles de mention que les causes courantes.) On rapporte 51 personnes foudroyées; 299 victimes de la guerre; 71 individus écrasés par des arbres ou d'autres objets; 37 personnes mortes de froid; 69 victimes du feu et, fait très remarquable, on relève 1 302 noyades. Ce dernier chiffre souligne à la fois l'importance et les dangers du transport par canot, barge et voilier dans cette colonie fluviale. (Si sainte Anne, dont le sanctuaire est érigé sur la côte de Beaupré, jouit d'une telle faveur chez les catholiques de la colonie, c'est qu'elle a la réputation de secourir les marins en détresse.) Soulignons également, dans la mesure où l'on peut se fier à des données peu exhaustives, la rareté des suicides (13) et des meurtres (15). Cependant, malgré tous les dangers, les risques et les périls, la mortalité chez les adultes et les enfants plus âgés demeure modérée selon les normes préindustrielles.

Il n'en va pas de même pour les nourrissons. Environ un nouveau-né sur cinq meurt sans franchir le cap de son premier anniversaire dans le Canada du XVIIe siècle. Au XVIIIe siècle, ce taux est de un sur quatre et place la colonie au même rang exactement que la moyenne des pays d'Europe. En temps normal, la vie est un peu plus sûre en Nouvelle-France qu'en France, mais si l'on tient compte de la mortalité infantile, la marge n'est pas très grande.

C'est dans les périodes anormales, quand la mort règne pendant les années de famine et d'épidémie, que l'on voit diminuer le taux de croissance de la population dans l'Europe préindustrielle. La France du XVIIe siècle subit une série d'hécatombes, qui frappent en général un lieu ou une région déterminés, mais dont les effets cumulatifs empêchent toute croissance à long terme dans la population du royaume, même si, au cours des années normales, les naissances dépassent souvent le nombre des décès. La pénurie de nourriture est à la source de presque tous ces désastres, et quand le mauvais temps ou quelque autre catastrophe détruit la récolte, des milliers de paysans, qui déjà ont peine à survivre, frôlent l'abîme. Si c'est la maladie qui donne généralement le coup de grâce, c'est la faim qui affaiblit la résistance de la population. Par un contraste frappant, la population blanche de Nouvelle-France ne connaît presque pas de crises graves entraînant une mortalité élevée. Étant donné leur si petit nombre par rapport aux ressources de l'Amérique du Nord, les Canadiens français vivent à l'abri de ces calamités qui déciment leurs cousins européens. Ce qui ne veut pas dire qu'il n'y ait jamais pénurie de nourriture sur les rives du Saint-Laurent, car, bien sûr, on n'est pas plus à l'abri des mauvaises récoltes ici que dans la mère patrie. Mais les habitants canadiens sont généralement capables de survivre aux désastres agricoles grâce à la pêche, aux fruits sauvages et aux autres aliments que leur prodigue la nature et qu'ils ne pourraient pas trouver en abondance dans les campagnes surpeuplées de France. La disette ne touche la colonie qu'une seule fois, à la fin du régime français, quand la guerre de conquête britannique provoque une famine très grave.

Les « crises de mortalité » font indéniablement partie de la vie dans l'Est du Canada, mais elles se présentent sous forme d'épidémies plutôt que de famines, et leurs principales victimes sont les Autochtones. Comme on l'a vu plus haut, les maladies européennes fauchent les indigènes en nombre tel que les fameuses crises de la France du XVIIᵉ siècle paraissent dérisoires en comparaison. En revanche, les anticorps produits par leurs ancêtres protègent la plupart des colons français du Canada contre les effets mortels des maladies qui ravagent leurs voisins iroquois et algonquins. Ce qui ne veut pas dire que le Canada français des origines soit complètement exempt d'épidémies. De temps à autre, des navires venant de France ou des Antilles transportent la variole ou quelque autre « fièvre » et, en dépit des mesures d'hygiène publique rudimentaires, la maladie se répand dans la population. En 1685, les sœurs de l'Hôtel-Dieu reçoivent l'équipage d'un navire frappé par le typhus qui vient de jeter l'ancre en rade de Québec. « La maladie s'etoit mise parmy eux, de sorte que des que le navire eut moüillé, on débarqua tous les malades et on en remply non seulement nos sales, mais nôtre église, nos greniers, nos angards et poullaillers, et tous les endroits de l'Hopital ou nous pûmes leur trouver place. On dressa même des tentes dans la cour. Nous redoublâmes nôtre ferveur a les servir. Aussy avoient ils grand besoin de soins : cétoit des fievres ardentes et pourprées, des délires terribles, et beaucoup de scorbut. Il passa dans notre Hôtel Dieu plus de trois cents malades [...]. » Les épidémies sont plus fréquentes au XVIIIe siècle qu'au XVIIe, en partie parce que les villes sont plus densément peuplées et que le trafic maritime est plus intense : les années de guerre sont les pires, alors que soldats et marins débarquent en grand nombre. Et pourtant, malgré la souffrance qu'elles causent, les épidémies s'étendent rarement au-delà de la ville portuaire et, du point de vue démographique, la population des colons de Nouvelle-France ne leur paye jamais un trop lourd tribut. On peut dire que les pires conséquences de la maladie et de la famine épargnent le jeune Canada français. L'absence de crises graves de mortalité, en se combinant au modèle matrimonial de la colonie, qui favorise une grande fécondité, explique amplement pourquoi la population s'accroît beaucoup plus rapidement que les autres populations préindustrielles, surtout celle de l'Europe de l'Ancien Régime.

Tout commence avec l'arrivée d'une poignée de Français et d'Iroquois. Une fois installés le long du Saint-Laurent, ils ont des enfants, et leurs enfants ont des enfants selon une progression géométrique à chaque nouvelle génération. Quand Guillemette Hébert meurt en 1684, elle laisse dans le deuil pas moins de 143 enfants, petits-enfants et arrière-petits-enfants. Dès 1730, ses descendants se chiffrent à 689. Et sa famille n'est pas la plus féconde, même si elle est au-dessus de la moyenne. Cet exemple

illustre un aspect fondamental de la démographie de la Nouvelle-France : c'est l'accroissement naturel plutôt qu'une immigration de masse qui en a été la force principale.

Mais où vont tous ces gens et comment gagnent-ils leur vie
dans leur âpre pays d'adoption ? La réponse est simple, dans huit
cas sur dix, ils colonisent le pays, bâtissent des fermes et tirent
du sol leur subsistance.

la ferme familiale
la seigneurie

Chapitre 2

La vie rurale

Portrait imaginaire des résidents

Nous sommes au printemps de 1670. Un jeune couple quitte Montréal pour aller prendre possession d'un lopin boisé situé à 12 kilomètres de la petite ville. Ils se sont mariés récemment et leurs noms sont déjà inscrits sur le registre terrier des sulpiciens, ces prêtres qui détiennent l'immense seigneurie couvrant toute l'île de Montréal. La jeune femme, appelons-la Marie, est fille de colons et âgée de dix-neuf ans; son mari, que nous nommerons Pierre, est un ancien engagé et il est un peu plus vieux que Marie. Quand il a quitté sa Saintonge natale, il y a un peu plus de trois ans, Pierre avait la ferme intention de rentrer en France dès la fin de son contrat, mais il a été séduit par Marie plus que par le charme de la vie coloniale, et il a décidé de rester et de s'établir au Canada. Les jeunes mariés savent quels défis les attendent et ils s'y sont soigneusement préparés. Pierre transporte un sac de farine, une hache et un pic, tous achetés avec son pécule d'engagé, et Marie guide sur le sentier une vache qui fait partie de sa dot (son frère leur apportera le lit plus tard). Ils atteignent enfin la petite clairière où Pierre a construit une hutte, près du fleuve, à la côte Sainte-Anne. Cet abri est fait de pieux de minces troncs d'arbres. Pierre les a enfoncés dans le sol, pour former un rectangle vertical de 4,5 mètres sur 6; le toit est fait de branchages recouverts d'écorce; les interstices sont bouchés avec de la mousse. Marie et Pierre posent leurs possessions sur le sol en terre battue et s'attellent à la longue tâche de transformer la forêt en terre arable.

La première besogne consiste à abattre les érables, les pins et les chênes afin d'agrandir la clairière. Pierre débite les troncs les plus droits en rondins de 6 mètres et les roule à l'écart où ils attendront jusqu'à ce qu'il trouve le temps de bâtir sa maison. Plusieurs semaines plus tard, une grande trouée s'offre au soleil, et les jeunes mariés doivent brûler les broussailles qui restent et nettoyer le sol de leur mieux à la hache, au pic et à la force de leurs muscles. Le labeur d'un été peut arracher à la forêt un ou deux arpents, prêts pour le labour au pic dès l'automne venu. (Un arpent équivaut à un acre, soit le tiers d'un hectare.) Ici et là, il faut gainer un arbre trop épais pour la hache, et bien des souches et des cailloux parsèment le petit « champ », délimitant de larges parcelles qui recevront au printemps les semences de végétaux typiquement iroiquiens : maïs, haricots et courges. En attendant, Pierre passe l'hiver à déboiser et, avec ses voisins, il contribue chaque année à repousser plus loin du fleuve l'orée touffue de la forêt. Au bout de quelques années, Marie et Pierre ont réuni quelque argent tiré d'un travail occasionnel rémunéré et grâce à la vente, à Montréal, de leur bois de chauffage, de leurs œufs et des produits de leur ferme. Cette épargne à laquelle s'ajoute un emprunt leur permet d'acheter une paire de bœufs pour extirper les grosses pierres et les souches pourries, et de transformer en un champ digne de ce nom leur clairière criblée de trous. Pierre attelle ses bœufs à la charrue à deux roues qu'il a fabriquée lui-même et commence, comme un vrai laboureur français, à tracer de droits sillons. Impatients de renouer avec la culture européenne, nos deux colons ont déjà repoussé à l'arrière-plan les récoltes nord-américaines pour cultiver le blé, la denrée par excellence du Vieux Monde. Maintenant, Pierre rapporte du moulin banal de grosses provisions de farine, et le couple se nourrit de bon pain blanc, sans un seul de ces grains noirs « de qualité inférieure » dont doivent se contenter les paysans européens pauvres.

Cinq ans et trois enfants plus tard, Pierre et Marie ont une maison neuve. Inlassablement, Pierre a équarri des rondins jusqu'à ce qu'il en ait suffisamment pour ériger une construction « pièce sur pièce », selon le nouveau style canadien-français. La cabane des débuts sert maintenant d'étable pour leurs animaux : une vache, les bœufs, une truie, une douzaine de poulets. C'est Marie qui se charge du bétail, comme du potager où poussent les choux, les oignons et les autres légumes, sans oublier le tabac pour l'usage de la famille. Ponctuée de grossesses et de naissances, la besogne de Marie, si elle est moins visible que celle de Pierre dans les documents, n'en est pas moins indispensable à la survie de la famille. Le mari et la femme, aidés des enfants à mesure qu'ils grandissent et, à l'occasion, des voisins venus donner un coup de main, étendent peu à peu le déboisement, améliorent leur demeure, clôturent leurs champs, entretiennent le chemin devant leur porte et entreprennent d'établir leurs fils et leurs filles. Aussi dure que soit leur vie, quand Marie atteint ses quarante ans, ils ont réussi. Ils ont ce dont leurs ancêtres paysans ont toujours rêvé : l'indépendance, la capacité de vivre de leur propre travail, de leur propre équipement, de leur propre terre.

Ce portrait imaginaire, adapté du merveilleux ouvrage de Louise Dechêne, *Habitants et Marchands de Montréal au XVIIe siècle,* décrit la première étape de l'émergence de la classe des « habitants », un terme qui en vient à désigner au Canada français les cultivateurs propriétaires, les paysans. Il faut imaginer mille familles semblables qui construisent des fermes sur les berges du Saint-Laurent tout autour de Montréal, comme à l'est et à l'ouest de Québec, sur les deux rives du fleuve. Chaque nouvelle génération d'habitants est plus nombreuse que la précédente, et c'est ainsi que la croissance de la population aboutit à une colonisation continue, soumettant à la charrue un territoire de plus en plus étendu pendant toute la durée du régime français, et bien longtemps après. Malgré la tendance à s'agglutiner autour des deux villes de la colonie, le peuplement se poursuit toujours le long des cours d'eau. L'espace entre Montréal et Québec est rapidement comblé, si bien qu'au XVIIIe siècle deux longs rubans de fermes s'étirent sur quelque 400 kilomètres à partir d'un point situé un peu en amont de Montréal, pour aller se perdre bien au-delà de Québec. La colonisation procède aussi en remontant le Richelieu et la Chaudière et le long de plusieurs affluents moins importants du Saint-Laurent. Près des villes, des rangs s'ouvrent derrière les concessions fluviales.

Pendant toute l'histoire de la Nouvelle-France, les propriétés s'étendent en rectangles longs et étroits, qui partent généralement du fleuve pour disparaître dans l'épaisseur de la forêt. Cette forme oblongue avait caractérisé les régions pionnières de l'Europe médiévale, car elle offre plusieurs avantages aux nouveaux venus. Les maisons étant construites à proximité les unes des autres, la corvée de l'entretien du chemin est réduite et, dans le cas du Canada, l'eau utilisée pour se déplacer, pour se désaltérer ou pour pêcher est accessible à tous. L'arpentage s'en trouve simplifié, car une seule ligne de jalons marque le lotissement. À part le fait que ce sont les seigneurs qui octroient les terres aux futurs habitants, il n'y a rien de très seigneurial dans cette configuration. Si la tenure seigneuriale peut s'appliquer à des lots irréguliers (c'est le cas pendant presque tout l'Ancien Régime en France), on peut trouver également des fermes longues et étroites qui ne relèvent pas de la tenure seigneuriale (dans la colonie de la rivière Rouge de l'Ouest canadien, par exemple).

Pehr Kalm, naturaliste finlandais de langue suédoise qui visite le pays pendant l'été de 1749, est charmé par ce qu'il voit alors que sa barque descend le Saint-Laurent de Montréal à Québec : « Le pays que nous côtoyons est partout assez beau et c'est un plaisir de voir comme il est joliment habité, et de façon si dense, sur les deux bords du fleuve ; on pourrait presque dire qu'il forme un village continu qui commence à Montréal et se prolonge jusqu'à Québec, soit sur une distance d'au moins trente milles suédois ; c'est un assez long village ! Presque partout en effet les fermes se touchent, distantes les unes des autres d'environ trois ou quatre arpents. » Pendant ce voyage de trois jours se succèdent les églises et les moulins à vent, les champs de blé et les prés. Comme il n'y a pas d'auberges, Kalm s'arrête pour la nuit chez un habitant et, à l'instar de presque tous les étrangers qui visitent le Canada français, il est frappé par la cordiale hospitalité de cette paysannerie coloniale. Il est aussi impressionné par la qualité des maisons elles-mêmes : « Les maisons d'ici sont presque toutes construites en bois [c'est-à-dire en rondins équarris]. Les interstices des murs sont obturés avec de l'argile, en place de mousse ; les fenêtres, simplement avec du papier ; le foyer est maçonné au centre de la salle commune, qui est assez grande ; la partie de cette salle située devant l'ouverture du foyer et le foyer lui-même servent de cuisine, tandis que la partie opposée sert de chambre à coucher ou de salle de réception pour les visiteurs ; il existe parfois, derrière le foyer, un poêle en fonte qui chauffe la pièce [...]. Les dépendances des fermes sont presque toutes recouvertes en chaume. » Les hôtes de Pehr Kalm sont les arrière-petits-enfants de Pierre et Marie, et leur demeure est en tout point semblable à celle de leurs aïeux, quoique un peu plus grande peut-être, et sûrement beaucoup plus chaude en hiver, grâce à leur poêle en fonte fabriqué dans la colonie aux Forges du Saint-Maurice, ouvertes dans les années 1730.

Les recensements, comme les minutes des notaires qui font souvent l'inventaire des biens d'une famille dans le cadre d'un partage successoral, laissent tous croire à une grande uniformité parmi les fermes des habitants. Certains sont plus à l'aise que d'autres, mais la misère est aussi rare que l'opulence. La plupart possèdent entre 60 et 120 arpents de terre, ce qui permet d'habitude d'avoir un grand champ de blé et un bon pâturage, avec le boisé derrière qui fournit une constante provision de bois de chauffage pour l'hiver. Si un habitant possède beaucoup plus de terre qu'il n'en faut, c'est probablement qu'il conserve l'excédent pour un fils qui en prendra possession lorsqu'il se mariera.

Pour ce qui est du bétail, là encore les fermes diffèrent peu les unes des autres : de deux à quatre vaches laitières, un ou deux cochons et une douzaine de poules. De manière générale, cela comble les besoins d'une famille en bœuf, en porc, en œufs et en lait. À l'époque de Kalm, bien des habitants ont également un cheval ou deux, qui remplacent les bœufs pour les labours. Cela est sans doute dû à la construction de routes carrossables qui permettent aux gens de la campagne, au XVIIIᵉ siècle, d'utiliser leurs chevaux autant pour le transport que pour le labourage. L'été en calèche, l'hiver en carriole, les habitants parcourent maintenant de grandes distances pour leurs affaires et leur plaisir. Quand Pehr Kalm reproche « aux gens du commun de ce pays-ci de se payer plus de chevaux que nécessaire », son jugement fait simplement écho à l'opinion de l'élite canadienne qu'il fréquente : s'ils doivent s'éloigner de leurs champs, les paysans devraient le faire avec l'humilité qui convient, les pieds dans la poussière, affirme-t-il. Ailleurs, Kalm remarque (et c'est là encore un jugement de valeur relevant de la conception de la hiérarchie sociale qui se glisse subrepticement dans une utile observation sur les pratiques agricoles) que « chaque agriculteur possède ordinairement un troupeau de moutons plus ou moins important, et [qu']il en tire la laine nécessaire à la fabrication des vêtements courants ». Les hommes, bien sûr, ont fort peu à voir avec les moutons ; ce sont les femmes qui habillent très souvent leur famille tout entière de la laine de leurs moutons et de la toile du lin cultivé sur la terre familiale.

La Nouvelle-France rurale est le pays par excellence de la famille autosuffisante. Un foyer paysan typique tire sa subsistance presque entièrement des produits de sa ferme ; de plus, il peut combler la grande majorité de ses besoins matériels — logement, combustible, vêtements, transport — grâce à ses efforts pour exploiter sa propre terre. Ce genre d'autosuffisance est à la base du mode de vie de toutes les populations paysannes et colonisatrices du monde préindustriel. La vie rurale en France, à l'époque, est marquée par la même tendance fondamentale, bien que le tableau y soit compliqué par le fait que nombre de paysans n'ont pas de terre en quantité suffisante pour assurer leur subsistance et doivent donc accroître leur revenu en recourant à des expédients, par exemple envoyer leurs fils et leurs filles vivre chez des voisins plus fortunés comme « serviteurs » (valets de ferme et domestiques). Au Canada, l'accès à la terre étant comparativement plus facile, ces facteurs de complication en sont diminués d'autant, de sorte que, bien davantage qu'en Europe, les familles peuvent vivre ensemble, travailler ensemble et subsister dans l'indépendance. Même la géographie du développement de la colonisation, qui montre des fermes séparées plutôt que les villages-noyaux communs en France, illustre combien la ferme familiale est centrale dans la vie de la Nouvelle-France rurale.

Cela dit, il nous faut apporter quelques nuances pour prévenir les malentendus qui découlent souvent d'une telle description du modèle de l'autosuffisance paysanne. Il ne s'agit pas ici d'autarcie agraire, d'un système volontairement coupé de l'économie de marché, avec le jeu des prix et la poursuite du profit qui la caractérisent. Les habitants tirent toujours du monde extérieur quelques fournitures essentielles, comme le sel et la quincaillerie, de même qu'une grande variété de rubans, de vins, d'épinglettes et d'autres produits de luxe, et, bien sûr, il leur est impossible de se soustraire aux redevances et à la dîme. Il ne s'agit pas d'une « économie de troc », même si peu de produits sont payés comptant. Les habitants ont en général recours à l'emprunt à plus ou moins long terme. Mais, que leur créancier soit le marchand, le seigneur, un parent ou un voisin, la dette est toujours exprimée en argent. Le foyer rural doit pouvoir offrir quelques valeurs au monde extérieur — argent, travail et produits de la ferme. Nous savons, par exemple, que beaucoup de fermiers des régions de Montréal et de Trois-Rivières participent à l'occasion à la traite des fourrures dans l'Ouest ; d'autres, qui vivent plus à l'est, gagnent de l'argent en pratiquant la pêche et la chasse aux phoques. Près des villes, les femmes peuvent vendre au marché des légumes, des œufs et des produits laitiers. Il y a même un marché urbain des céréales, mais il est restreint, la population coloniale étant infime. La garnison militaire de la colonie et les équipages des navires offrent des débouchés additionnels pour les céréales canadiennes, mais ce n'est qu'après 1720 que ce type de commerce prend vraiment son essor grâce au développement de Louisbourg et à l'apparition d'autres marchés en Amérique septentrionale française. On assiste au XVIIIe siècle à l'accroissement de la demande de blé canadien et les habitants réagissent en cultivant de plus en plus de céréales. Tout cela prouve que les paysans ne vivent pas en autarcie absolue et qu'ils ne sont pas indifférents aux forces du marché.

Cette société rurale n'est pas non plus « statique ». Au contraire, il s'agit d'une configuration hautement dynamique de cellules familiales, dont chacune s'étend à la naissance des enfants et se comprime à la mort des vieillards. Les cellules se divisent et se multiplient à l'occasion du mariage des jeunes gens qui prennent la relève. Et, bien sûr, chaque nouvelle famille a besoin de sa propre ferme, ce qui nous amène à examiner la notion d'héritage. La Coutume de Paris s'applique en Nouvelle-France; elle détermine les principes successoraux : en un mot, les biens des parents doivent être partagés également entre tous les enfants des deux sexes. On aurait pu croire — et un nombre étonnant d'historiens sont tombés dans ce piège — que la forte natalité du Canada français à son origine allait entraîner la division et la subdivision des fermes en fractions toujours plus minuscules à chaque nouvelle génération. Mais, si la loi donne à chaque héritier un droit au patrimoine familial, le partage réel de la propriété n'est pas requis. Prenons le cas d'Amable Ménard et de Théophile Allaire, un couple de la vallée du Richelieu, dont le mariage a été célébré en 1753, peu après la mort du père de Théophile et de la mère d'Amable. Pour ce qui est de Théophile, ses deux parents étant décédés, ses quatre frères, ses six sœurs et lui ont droit chacun à 23 arpents de la terre familiale et à une part égale des biens meubles. Cependant, nul ne songe à démembrer la ferme en lots aussi minuscules et aussi peu viables. Théophile et Amable achètent plutôt la part d'un frère et d'une sœur de Théophile, plus âgés que lui et déjà établis. Cet achat est financé par l'héritage d'Amable qui lui vient de sa mère à elle. Son père étant toujours vivant, les enfants n'ont de droits que sur la moitié des biens de la famille; pour éteindre le droit d'Amable et retrouver le plein contrôle de la propriété dont, en pratique, il dispose déjà de toute façon, son père lui verse bien volontiers la somme de 370 livres. Ainsi, l'argent des Ménard sert à racheter la terre des Allaire et, après divers échanges et ajustements, le jeune couple détient le titre d'une ferme viable.

Bien qu'ils soient autosuffisants économiquement et que

la vie sociale
la paroisse
Brève histoire des peuples de la Nouvelle-France

chaque ferme constitue une entité individuelle, les habitants de la colonie ne sont certainement pas isolés socialement. On se visite et on voisine beaucoup dans la campagne canadienne-française. Surtout en hiver, quand l'ouvrage est moins pressant et que le transport par les champs et les rivières gelées est plus facile, les gens se rassemblent pour célébrer les noces, le jour de l'An et la fête des saints patrons des paroisses. Les institutions communautaires officielles sont presque inexistantes : par exemple, on ne trouve pas l'équivalent de la commune rurale française, ce corps municipal qui a pour fonction principale la perception des impôts. Il n'y a pas de commune dans la colonie parce qu'il n'y a pas de taille à ce niveau (ce qui ne veut pas dire pour autant que les habitants soient libres de toutes contributions : en plus du paiement de la dîme et des redevances seigneuriales, les habitants sont assujettis au service militaire, à la corvée de construction des chemins, voire à la réquisition de leur blé). La paroisse est à peu près le seul cadre de la vie communautaire.

Les paroisses se créent petit à petit, quand une région est développée au point où elle peut espérer faire vivre un prêtre à demeure, le curé. En théorie, la paroisse peut apparaître comme une unité administrative autoritaire, établie sur l'ordre de l'évêque et dirigée par son délégué, le curé. Celui-ci est rémunéré à même la dîme, égale en Nouvelle-France à un vingt-sixième de la récolte des céréales, de même que par de menus émoluments perçus pour la célébration des mariages et des funérailles. La construction de l'église, la fourniture d'un logement pour le curé et la perception des contributions obligatoires et volontaires servant à couvrir les frais des dépenses annuelles sont des responsabilités supplémentaires que doivent assumer les laïcs. Cette conception de la paroisse comme instrument de contrôle et comme source de revenus est fort trompeuse, cependant. S'il est vrai que les habitants doivent se soumettre aux exigences du clergé en ce qui a trait à l'église et au presbytère, leur attitude à l'égard de ces édifices est loin d'être totalement respectueuse. Bravant l'injonction maintes fois réitérée des curés et des évêques, les laïcs ruraux sont portés à agir comme si l'église et le presbytère étaient des salles communales construites par les résidants pour leur usage. Pour presque tous les habitants, l'église n'est pas seulement un lieu sacré, la messe du dimanche est tout autant un événement social que religieux. Les curés se plaignent de ce que les paroissiens bavardent d'un banc à l'autre, qu'ils sortent fumer sur le parvis pendant le sermon, qu'ils amènent leurs chiens à la messe, bref, qu'ils en prennent vraiment trop à leur aise. Le presbytère n'est jamais exclusivement la demeure du curé. Un ingénieur militaire français qui raconte sa visite à un prêtre, en 1752, fait la remarque suivante : « Sa maison comprend une grande chambre où, suivant l'usage du pays, s'assemblent les principaux habitants, avant ou après la messe, pour discourir sur le bien et l'avantage de la paroisse. »

La plupart des paroisses de la campagne canadienne sont érigées à la demande des habitants et, une fois instituées, elles servent à fixer le sentiment d'appartenance d'une communauté. Gare à l'évêque qui essaie de modifier les limites de la paroisse ou de changer le site d'une église ! Monseigneur de Saint-Vallier soulève des protestations enflammées en 1714 quand il prétend « rationaliser » les frontières des paroisses en fonction des changements survenus dans les établissements autour de Saint-Léonard, près de Montréal. Le représentant qu'il envoie enquêter est attaqué par une foule de femmes qui menacent de le tuer et de jeter son cadavre dans le marécage. D'autres querelles peuvent surgir au sein de la fabrique et de son conseil de marguilliers élus, toujours prêts à soupçonner le curé de vouloir se mêler de leurs affaires. La paroisse rurale, comme le paysage

le système seigneurial

agraire lui-même, est d'abord et avant tout la création des habitants, et si elle est souvent le lieu de conflits où s'affrontent les laïcs et le clergé, il faut y voir la preuve de l'attachement de la paysannerie à cette institution, et combien elle l'a faite sienne.

Mais où sont les seigneurs dans tout ceci ? Vous vous souvenez peut-être que Pierre et Marie se sont vu concéder leur terre par l'organisme religieux qui détenait la seigneurie de Montréal ; et pourtant le portrait de la vie rurale tracé jusqu'ici décrit les colons comme s'ils étaient libres propriétaires et pouvaient selon leur bon plaisir veiller au développement de leur ferme, acheter des terres, vendre leurs produits et transmettre leurs biens à leurs héritiers. En ce sens, les paysans sont indépendants et leur domaine leur appartient ; s'ils détiennent un titre sûr et permanent, nul ne peut les évincer, et ils peuvent vendre si bon leur semble. Pourtant, ils payent des redevances et sont des « vassaux » (un terme archaïque qu'on entend encore à l'occasion au XIXe siècle), ils jurent hommage au seigneur du lieu. Devons-nous donc considérer les paysans comme des *métayers* ou comme des *propriétaires* ? Pour répondre à cette question, il faut voir de plus près le système seigneurial du Canada français.

Dès le début de la colonisation du Canada, la vallée du Saint-Laurent tout entière est divisée en vastes zones concédées en fiefs, ou seigneuries, à des individus privilégiés, des nobles généralement, ou à des organisations religieuses telles que les Jésuites, les Ursulines ou, dans le cas de l'île de Montréal, les Sulpiciens. Selon l'aspect physique, la plupart des seigneuries sont une version géante des fermes qu'elles contiennent : un front fluvial de plusieurs kilomètres et des bornes qui remontent en lignes parallèles loin dans les profondeurs de la forêt. Elles existent parce que le gouvernement français, comme tous les régimes coloniaux de l'époque, veut susciter l'émergence d'une élite foncière. En Nouvelle-France, cette élite est d'abord cléricale et noble, bien que des roturiers, pourvu qu'ils soient assez riches, puissent racheter des fiefs aux héritiers des premiers concessionnaires, ce qu'ils ne manquent pas de faire. Pourquoi les seigneuries sont-elles convoitées ? Elles offrent la promesse de la sécurité financière et du prestige aristocratique, et quand les circonstances s'y prêtent, elles rapportent des revenus considérables. Leur administration entraîne inévitablement quelques soucis et frais pour le seigneur, mais, tout compte fait, ce sont les Marie et les Pierre qui font la valeur du fief dans la colonie, en augmentant la capacité de production de leurs terres.

Le principal bénéfice qu'un seigneur tire de l'habitant (du marchand, de l'artisan ou de toute personne qui occupe la moindre parcelle de son fief) prend la forme de la rente. Cette rente est spécifiée au titre original. Elle peut être exprimée en argent, en produits ou en travail : une ferme typique de 90 arpents concédée au XVIIIe siècle doit au seigneur quatre livres et demie l'an en espèces, plus deux minots et quart de blé et un jour de corvée. Une fois fixée, cependant, la redevance est invariable à jamais. Quels que soient les ravages du temps et de l'inflation, et même si le seigneur meurt et que le fief est divisé au hasard des successions ou vendu à un étranger, ces 90 arpents rapportent toujours le même nombre de livres, de minots et de jours de travail au seigneur. Contrairement au propriétaire qui loue la terre à bail limité dans le temps, le seigneur n'a jamais l'occasion d'ajuster ses redevances aux conditions du marché et à la valeur changeante de la propriété. Le facteur principal qui détermine ses revenus est simplement le nombre de parcelles concédées à des censitaires dans sa seigneurie.

Les seigneurs canadiens jouissent toutefois d'autres privilèges lucratifs, telle la taxe de mutation entre vifs (les lods et ventes), qui est l'équivalent d'une taxe de vente sur les transactions immobilières : l'acheteur d'une propriété doit verser au seigneur un douzième du prix d'achat. La banalité confère un monopole sur la mouture des céréales, de sorte que les habitants doivent porter leur blé au moulin seigneurial, remettant un sac de farine sur quatorze en paiement de ce service. La plupart des seigneurs ont droit de justice, mais peu d'entre eux érigent un tribunal. Ils préfèrent exercer leurs droits sur la pêche, la forêt et les pâturages communaux de manière à tirer des sommes additionnelles des colons installés sur leurs fiefs. D'abord assez souple, quand les habitants sont peu nombreux et les fiefs de la Nouvelle-France peu développés, la poigne seigneuriale sur l'économie rurale se resserre peu à peu, et le fardeau des habitants s'alourdit au fur et mesure que s'accroissent la population et la valeur de la terre. À la fin du régime français, une part importante de la production excédentaire, soit des céréales qui ne sont pas absolument nécessaires à la survie de la famille, est accaparée par les seigneurs de la colonie. À tout prendre, les exactions des seigneurs vont chercher un gros morceau de l'économie familiale des habitants, bien que cela ne suffise jamais pour enrichir vraiment les premiers; l'économie agricole est trop peu développée et les seigneurs trop nombreux pour permettre l'émergence d'une noblesse terrienne opulente: ils sont toujours environ 200, bien qu'il soit difficile d'en fixer le nombre avec précision, étant donné que certains détiennent plusieurs fiefs alors que d'autres n'ont qu'une partie de seigneurie.

Pour découvrir de riches propriétaires fonciers dans l'Amérique du Nord coloniale, il faut quitter les colonies françaises pour regarder du côté britannique. Dans l'État de New York et dans l'île du Prince-Édouard, par exemple, les concessionnaires ont sur leurs vastes domaines des droits qui se rapprochent beaucoup plus de ceux qui accompagnent la propriété absolue et ils peuvent les exploiter plus ou moins à leur gré, en extrayant eux-mêmes les ressources de la terre ou, plus communément, en vendant ou en louant des fermes aux colons. Au contraire, les droits de propriété «féodale» dans la France du début des Temps modernes sont beaucoup moins étendus : sur leurs fiefs, les seigneurs jouissent de privilèges variés, y compris le droit d'exiger des habitants certains paiements spécifiques, mais ils n'ont pas pleins pouvoirs en ce qui concerne leurs domaines. L'exception la plus remarquable, c'est qu'ils n'ont pas de pouvoir d'éviction : si les paysans ne versent pas les redevances, leur seul recours est d'intenter une poursuite en justice, comme tout autre créancier. Il est donc évident qu'ils ne sont pas des «propriétaires», au sens où on l'entend aujourd'hui ou comme on l'entendait dans l'empire britannique à cette époque. Si cela semble étrange ou mystérieux, c'est sans doute parce que la notion même de propriété foncière est intrinsèquement hypothétique, si l'on se donne la peine d'y réfléchir. La simple idée qu'une partie de la surface de la Terre puisse «appartenir» à quelqu'un, comme une chemise ou un outil, n'est rien d'autre qu'une fiction culturelle inscrite dans les lois et sanctionnée par elles. On ne possède pas la terre parce qu'on l'a produite ou parce qu'on l'a achetée de celui qui l'aurait produite. Le propriétaire foncier ne peut transporter son fonds avec lui d'un endroit à un autre. Il n'en est propriétaire que par une convention juridique qui prétend que le sol est une possession personnelle. Et rien n'illustre mieux ce propos que la situation des seigneurs de la Nouvelle-France. La propriété d'une seigneurie n'implique pas la propriété du sol. Ce qui est possédé, c'est un ensemble de droits spécifiques et limités sur l'activité productrice qui s'y exerce.

Les seigneurs ne sont certes pas propriétaires des habitants qui résident dans leurs fiefs. Le servage n'existe pas en Nouvelle-France et, à cet égard comme à beaucoup d'autres, le féodalisme canadien ressemble à celui de la France du XVIIe siècle, où les seigneurs ne peuvent plus dire aux paysans où aller ni qui épouser. Libres de leur personne, les habitants n'en sont pas moins sujets à l'exploitation économique ; en outre, leur mainmise sur leurs propres terres n'est pas absolue. Qui donc, alors, devons-nous considérer comme le propriétaire de la ferme de Pierre et Marie : la famille d'habitants qui en recueille la moisson, qui peut la vendre ou la transmettre à ses enfants, ou le séminaire de Saint-Sulpice qui en perçoit les redevances, se réserve le droit d'y abattre des arbres ou d'y bâtir un moulin ? La réponse est que, sous le régime seigneurial, les deux parties sont propriétaires, mais que ni l'une ni l'autre ne l'est au sens complet et absolu du terme. Les attributs de la propriété sont divisés.

Jusqu'ici, nous nous sommes intéressés aux seuls habitants canadiens-français, mais la vallée du Saint-Laurent abrite une autre catégorie tout à fait distincte de travailleurs de la terre. Les Iroquois, venus s'installer sur la montagne située derrière Montréal et de l'autre côté du fleuve, à Kahnawake, érigent leurs maisons longues recouvertes d'écorce et commencent à dégager des champs pour semer leurs plantes traditionnelles : le maïs, la courge et le haricot. Quelques vaches, cochons et poulets font leur apparition dans les villages amérindiens christianisés, mais, cela mis à part, les méthodes de culture européennes ont peu de prise. Cultiver le maïs, le moissonner, le conserver et préparer la *sagamité* sont rigoureusement l'affaire des femmes. Les récoltes poussent sur des buttes artificielles que les femmes, qui travaillent en groupe afin d'alléger leur tâche, cultivent à l'aide de bâtons. Très souvent, les hommes passent l'été à la guerre, une activité qui rapporte des revenus à la communauté sous forme de butin et de récompenses du gouvernement, sans oublier les prisonniers qu'on adoptera. L'hiver, presque tout le monde s'en va par petites bandes d'une ou deux familles rejoindre les territoires de chasse le long de la rivière des Outaouais ou plus loin *des autochtones*

encore; cette migration saisonnière permet d'introduire dans un régime alimentaire monotone une diversité fort prisée et aide à ménager la faible récolte de maïs. Il semble que l'agriculture, dans les enclaves amérindiennes du Canada, soit moins productive qu'au pays d'origine des Hurons et des Iroquois. Les peuples iroquoiens pratiquent normalement une forme de culture sur brûlis où les clairières aménagées dans la forêt (l'abattage des arbres est la seule contribution des hommes) sont cultivées intensément aussi longtemps que dure leur fertilité. Après dix ou vingt ans, les champs sont abandonnés et une nouvelle trouée est pratiquée ailleurs. Ce système — une forme de rotation des cultures où la jachère dure très longtemps — requiert beaucoup d'espace; dans le cadre colonial, où les communautés indigènes sont enserrées entre les fermes des colons, il ne fonctionne pas très bien. Les indigènes se relogent de temps à autre — les Agniers et les autres nations qui vivent sur la montagne déménagent au Sault-au-Récollet en 1696, puis à Oka en 1721 — mais ces déplacements sont causés davantage par les pressions des habitants avides de terres que par les besoins propres des Amérindiens.

Les réfugiés hurons installés près de Québec sont encore plus à l'étroit. À l'époque où Kalm visite leur village de Lorette, ils ont adopté plusieurs éléments du mode de vie agraire canadien-français.

Dans les temps anciens, et à l'époque où arriva le plus âgé des Pères Jésuites, toujours ici aujourd'hui, tous les Sauvages logeaient encore dans leurs cabanes traditionnelles, construites comme celles des Lapons; par la suite, ils abandonnèrent cette coutume et commencèrent à prendre modèle sur les Français; actuellement tous les Sauvages ont construit leurs maisons sur le type des logements français;

certaines sont en pierre, mais la plupart sont en bois ; chaque logement comprend deux pièces, à savoir la salle de séjour, où ils couchent, et, à côté, la cuisine ; dans la salle de séjour se trouve un petit poêle au bâti de pierre et muni d'un couvercle en fonte, du type canadien habituel ; les lits sont disposés le long des murs ; les Sauvages se couchent avec les habits qu'ils portent durant la journée. Leur vaisselle et autres ustensiles paraissent être en assez mauvais état.

Il existe beaucoup d'autres domaines dans lesquels les Sauvages ont commencé à se conformer aux usages français : tous plantent du maïs ; certains ont semé du blé ou du seigle ; quelques-uns ont des vaches.

Helianthus flore maximo (= *H. annuus L.* ou grand soleil). Tous les Sauvages en ont mis dans leurs champs de maïs. Ils en prennent la graine, la mélangent à leur *sagamité* pour manger le tout ensuite.

Kalm voit dans ce foyer huron une version incomplète et appauvrie de l'économie rurale française, alors que sa description suggère plutôt une synthèse d'éléments européens et indigènes. Il n'est pas moins vrai que les Amérindiens christianisés du Canada éprouvent beaucoup de difficultés à trouver leur subsistance dans les fruits de la terre. Étant donné l'exiguïté du sol dont ils disposent, on peut s'étonner qu'ils s'en tirent aussi bien. La vente des objets fabriqués par leurs femmes, les paiements du gouvernement en récompense de leur immense contribution militaire, quelques gains tirés des fourrures, tout cela aide à compenser les faiblesses de leur agriculture et à les mettre à l'abri du besoin.

Chapitre 3

Le paysage urbain

Trois jours après avoir quitté Montréal au mois d'août 1749, le bateau sur lequel voyage Pehr Kalm contourne un rocher dans le Saint-Laurent, et le naturaliste finlandais aperçoit pour la première fois le petit fort carré érigé au sommet de l'escarpement. À l'encontre d'autres voyageurs qui arrivent d'ordinaire de la mer par l'immense entonnoir de l'estuaire, Kalm arrive par la porte de service, pour ainsi dire. Même ainsi, Québec ne manque pas de l'impressionner par son site spectaculaire sur fond de montagnes. Après l'accostage, il emprunte le chemin étroit qui serpente vers la haute ville, si raide qu'il s'émerveille de l'audace des cochers et des charretiers qui se risquent à la descente ; une fois au sommet, il s'arrête pour contempler le panorama « effrayant » qui s'offre à lui de la terrasse du château du gouverneur. D'autres visiteurs l'ont décrit avant lui comme « la plus noble et la plus vaste perspective qui soit au monde » ; l'île d'Orléans s'étend au loin et on y voit « quantité de Marsouins, blancs comme la neige » jouer à la surface des eaux du Saint-Laurent. À ses pieds se trouvent les quais et les rues grouillantes de la basse ville. « La plupart des commerçants résident dans la basse ville. Les maisons s'y serrent les unes contre les autres, les rues sont étroites et inégales, et une partie de leur parcours est presque toujours mouillée. La basse ville comporte cependant une petite place où se trouve une église ; les maisons ont deux ou trois étages. Dans la haute ville, par contre, habitent à l'ordinaire les gens de qualité et les titulaires des postes officiels, et c'est là également que se trouvent les édifices les plus importants de Québec. »

Les « édifices les plus importants » de l'itinéraire touristique de Pehr Kalm dans la capitale sont tous associés au gouvernement et à l'Église. Le gouverneur et l'intendant, ces deux têtes du pouvoir colonial, possèdent chacun leur imposant palais qui sert tout à la fois de résidence et de siège administratif (la maison de l'intendant abrite même le tribunal et la prison), et de salon pour la bonne société : « (d)es Cercles aussi brillants, qu'il y en ait ailleurs, chez la Gouvernante et chez l'Intendante », a déclaré François-Xavier de Charlevoix, ce jésuite grand voyageur. Dans l'esprit de l'Ancien Régime, les palais ont aussi pour but d'inspirer à la populace un respect mêlé de crainte devant le faste des Bourbons. Kalm souligne la présence d'une garde militaire, en faction devant la porte du château. « Chaque fois que le gouverneur général ou l'évêque entre ou sort du château, toute la garde présente les armes et le tambour résonne. »

L'apparat qui entoure le gouverneur rappelle qu'il est le représentant personnel de Sa Majesté le roi dans toute l'Amérique septentrionale française. Presque toujours un militaire issu de la noblesse française, le gouverneur commande l'armée coloniale et se charge des relations diplomatiques avec les peuples autochtones et les colonies britanniques voisines. Sur d'autres aspects de l'administration coloniale, le gouverneur doit partager le pouvoir avec l'intendant. D'habitude, celui-ci est un administrateur chevronné, versé en droit, expert en matière de finances et doté d'une expérience acquise au sein de la bureaucratie française. Il est spécifiquement chargé de surveiller l'appareil judiciaire de la Nouvelle-France et d'établir les comptes du gouvernement ; pour le reste, il doit collaborer avec le gou-

l'évêque

verneur à l'administration de la colonie. Bien que sa charge soit moins prestigieuse que celle du gouverneur, un bon intendant exerce souvent un pouvoir beaucoup plus réel. L'absolutisme de la métropole ne laisse pas place au débat politique au Canada, mais les luttes sourdes des factions, si fréquentes sous les régimes autoritaires, sont souvent intenses. Le gouverneur et l'intendant, s'ils ne s'accordent pas, se trouvent au centre de coteries rivales formées par les personnages officiels de rang inférieur et les marchands, chacun s'évertuant à obtenir contrats et promotions pour ses clients.

L'évêque occupe le Palais épiscopal et de son autorité relèvent les églises et les établissements tenus par des religieux : le Séminaire, le Couvent des ursulines, la cathédrale, l'hôpital, le Collège des jésuites, et ainsi de suite. L'Église compte certainement un plus grand nombre d'« édifices importants » que l'État sur la liste de Kalm. Composante majeure du pouvoir colonial, en tant qu'institution, l'Église appuie fortement le gouvernement. Le clergé et le pouvoir laïque travaillent de concert pour s'assurer que le Canada demeure une communauté catholique bien réglée. Souvent, les comportements que l'Église dénonce — blasphémer, manger de la viande en carême, par exemple — sont punis comme des crimes par les tribunaux. L'appareil judiciaire confie aux religieuses les femmes trouvées coupables de prostitution pour les emprisonner dans leur hôpital et leur apprendre les bonnes mœurs. En temps de guerre, le couvent se transforme en hôpital militaire. L'évêque lui-même doit sa nomination au roi de France et on attend de lui, en tant que l'un des acteurs principaux de la politique coloniale, qu'il siège au Conseil souverain. Cela ne l'empêche pas d'attaquer l'immoralité en haut lieu, qu'il s'agisse des négociants en fourrures qui vendent de l'eau-de-vie aux Amérindiens, des dames de la bonne société qui arborent des robes décolletées ou des

le clergé

officiers qui rognent la solde des soldats. Des conflits surgissent entre le clergé et le gouverneur, mais ils sont l'expression de tendances divergentes au sein d'une étroite alliance entre une Église française et un pouvoir catholique.

Socialement et légalement, c'est comme « ordre » que le clergé se comprend le mieux ; ses membres jouissent de certains privilèges reconnus par les lois. Parmi ceux-ci, mentionnons l'exemption du service militaire et des corvées qui tiennent lieu d'impôt en Nouvelle-France. Parce que les femmes ne peuvent accéder à la prêtrise, les religieuses ne font pas partie du clergé proprement dit, mais elles participent en pratique à l'autonomie de l'Église en tant que société et à son statut juridique particulier. (Pour plus de détails au sujet des communautés religieuses féminines, voir le chapitre 4.) Des prêtres desservent les paroisses rurales de la vallée du Saint-Laurent et s'aventurent dans les territoires lointains de l'intérieur du continent dans le but de convertir les autochtones, mais c'est dans les villes que la présence de l'Église pèse de tout son poids.

À Québec, Pehr Kalm visite le Séminaire, sa « grande cour » et son « vaste jardin ». Il se rend aussi au Collège des jésuites : bien plus qu'une simple école de garçons, cet édifice « à l'apparence splendide, tant à l'intérieur qu'à l'extérieur », sert de maison-mère aux jésuites de Nouvelle-France, avec sa chapelle, sa bibliothèque, son herboristerie, son réfectoire et ses appartements pour les prêtres en résidence et les missionnaires en attente d'une nouvelle affectation. Dans les deux établissements, les garçons se destinent à la prêtrise, aux professions libérales ou aux affaires. Ils étudient le latin, la philosophie et la rhétorique. Si les frais y sont minimes et qu'on y trouve toujours quelque boursier talentueux issu d'une famille pauvre, l'école n'est pas destinée aux masses. Seule une minorité de la population sait signer son nom et, à la campagne, moins de 10 pour 100 des habitants peuvent se dire alphabétisés. Luthérien, Kalm est particulièrement fasciné par les religieuses; aussi est-il très flatté lorsqu'il reçoit de l'évêque la permission d'entrer dans les cloîtres et de visiter le Couvent des ursulines et l'Hôpital général. Ce dernier, situé à l'extérieur de la ville, est moins que l'Hôtel-Dieu un établissement médical. L'Hôpital général tient davantage de l'asile pour indigents et invalides. Les historiens qui décrivent les communautés religieuses comme des organismes de bienfaisance n'ont raison qu'à moitié. Les religieuses, tout comme les récollets, pratiquent la charité chrétienne comme l'exigent les vœux qu'elles ont prononcés, mais le but recherché n'est pas la résolution des «problèmes sociaux». L'accent est mis sur l'acte de faire l'aumône et sur la valeur spirituelle qu'il représente pour le donateur plutôt que sur les besoins de celui qui reçoit. On n'attend certes pas des religieux qu'ils ajustent leurs largesses quand les temps sont durs et ils ne cherchent nullement à éradiquer la pauvreté. C'est pourquoi on peut voir des indigents mendier dans les rues pendant que des veuves de militaires de haut rang occupent de confortables appartements à l'Hôpital général.

Rentré en ville, Kalm tourne son attention vers le commerce: «Québec est la seule ville portuaire et le seul entrepôt de l'ensemble du Canada. C'est de là que partent toutes les marchandises exportées.» Sa visite coïncide avec la haute saison de la navigation: «J'en avais compté 13 [navires] à mon arrivée à Québec, petits et grands compris, mais le soir où j'ai quitté cette ville pour regagner Montréal, il y en avait 23 et on en attendait d'autres.» Les marchands de la capitale contrôlent le commerce licite d'importation et d'exportation dans la colonie (la contrebande entre Montréal et Albany, dans la colonie de New York, est une tout autre affaire), et bien que dépendant eux-mêmes de leurs fournisseurs français pour l'obtention de crédit, ils ont la *le commerce*

main haute en général dans les rapports avec les marchands de Montréal. Kalm note que les marchands de la basse ville sont vêtus de belle façon, mais qu'ils ne sont pas richissimes comme « on aurait tout lieu de croire » : le fait est que ce savant, l'hôte de gouverneurs et de prélats, ne connaît à peu près pas les marchands et ne sait rien de leurs pratiques.

La plupart des entreprises appartiennent à un seul individu ou, à l'occasion, à des associés unis pour une période limitée. Si un marchand lance un emprunt pour importer une cargaison de vin et que le navire se perd en mer, sa fortune personnelle est engloutie avec la cargaison. Ce n'est plus ainsi qu'on fait du commerce aujourd'hui, alors que le marché est dominé par les grandes entreprises et que les investisseurs ne risquent que leur mise initiale. En Nouvelle-France, seules quelques très grandes sociétés mises sur pied pour réaliser les objectifs de l'État obtiennent le privilège de la responsabilité limitée. En conséquence, les entrepreneurs doivent trouver d'autres moyens de réduire les risques. La clé réside dans la diversification. À Québec, des marchands de la basse ville, comme François Havy et Jean Lefebvre, conjuguent généralement importation, exportation, commerce de gros et de détail, opérations financières et industrielles. Ces deux négociants normands, associés en affaires de 1732 jusqu'à la veille de la Conquête, reçoivent des cargaisons d'étoffes, de sel, de vins et autres produits de France qui sont parfois acheminées directement aux marchands de Montréal, tandis que d'autres denrées sont vendues dans leur propre magasin de la basse ville. Pour payer ces importations, les associés exportent en France les fourrures du Canada et ils expédient des céréales et du bois aux Antilles françaises via Louisbourg. Ils possèdent également des chantiers maritimes où sont construits des navires destinés à la France et un poste de chasse aux phoques sur la lointaine côte du Labrador.

Havy et Lefebvre font partie du réseau informel de marchands qui couvre toute la Nouvelle-France jusqu'aux confins de l'empire français de l'Atlantique. Les négociants de Québec se connaissent les uns les autres et connaissent aussi — personnellement ou de réputation — tous les marchands de Montréal et des grands ports de mer de la France et de l'Amérique française. Fréquemment, ils ont affaire à des frères ou des cousins installés aux endroits stratégiques dans tout le monde atlantique. Ce tissu de relations permet de se tenir au courant des conditions du marché de part et d'autre de l'Océan ; il est aussi utile pour l'établissement du crédit : peut-on compter que le marchand X paiera cette cargaison de sel ? Cela a bien sûr son importance, car, en l'absence de banques, les affaires ne peuvent reposer que sur le crédit, à court terme pour faciliter les paiements, à plus long terme quand il s'agit de réunir du capital. On peut toujours ester en justice en cas de défaut de paiement, mais alors tout le monde y perd étant donné que les frais de justice et les réclamations des autres créanciers prendront invariablement la part du lion des biens saisissables. Mieux vaut donc accorder le crédit avec prudence et maintenir les débiteurs à flot aussi longtemps que possible. Réussir en affaires exige jugement et perspicacité, la connaissance des êtres et une information à jour sur les conditions du marché, chez soi comme ailleurs. Il faut aussi entretenir de bonnes relations avec l'appareil gouvernemental, surtout en temps de guerre, quand on peut faire fortune à titre de fournisseur de l'armée. En temps de paix, les occasions de s'enrichir sont extrêmement rares, si on compare les conditions du Canada avec celles des riches plantations sucrières des Antilles ; il ne faut donc pas se surprendre que les fortunes marchandes de la colonie soient plutôt modestes. Si les marchands de Québec font piètre figure auprès de l'élite du clergé, de la noblesse et du gouvernement colonial, ils sont bien représentés au Conseil souverain et font entendre leur voix par l'entremise des factions qui se disputent le contrôle du pouvoir colonial.

Pehr Kalm visite le Canada en temps de paix, mais les signes de la guerre sont partout présents. Montréal, dit-il, « est assez bien fortifié et entouré d'une haute et épaisse muraille ». Québec a aussi ses remparts, « et ce sera particulièrement vrai lorsque seront achevées les fortifications auxquelles on travaille actuellement avec beaucoup d'ardeur ». Les deux villes ont toujours été pourvues d'un système de défense, mais vers le milieu du XVIIIe siècle, quand la tension monte entre les puissances coloniales rivales, la France et l'Angleterre, l'érection de fortifications extrêmement coûteuses est accélérée et terminée. La France fournit les fonds, mais la main-d'œuvre est composée surtout des citadins et des habitants des alentours, qui doivent donner à la milice quelques jours de travail chaque année. Les remparts, construits pour résister aux tirs d'artillerie, sont formés d'une épaisse levée de terre contenue par des murs en pierre, et c'est cette incessante besogne de transporter la terre avec ses charrettes et ses chevaux qui incombe à la milice coloniale. Comme c'est le cas dans toute l'Europe urbaine, par-delà leur fonction purement militaire, les enceintes de Montréal et de Québec servent à délimiter la cité, traçant une nette division entre la ville, d'une part, et les chemins qui se perdent au loin et les rudimentaires habitations des faubourgs, d'autre part. Elles facilitent aussi la tâche des autorités qui réglementent l'entrée des marchandises destinées au marché urbain.

La présence des soldats est un autre trait marquant du paysage urbain de la Nouvelle-France en 1749. Dès les années 1680, des régiments permanents de troupes de la marine sont installés à Montréal et à Québec et des détachements plus modestes sont répartis dans les forts dans l'Ouest. Kalm, qui ne fréquente que les officiers, estime que les hommes jouissent de certains avantages appréciables : ils sont pourvus d'abondantes rations, reçoivent périodiquement des uniformes neufs et ont une grande liberté de mouvement en temps de paix. Ses commentaires sont révélateurs de la déplorable condition des soldats dans la majeure partie de l'Europe au XVIIIe siècle, autant sinon plus que de la réalité de la vie militaire au Canada. Les hommes sont recrutés principalement en France pour une période généralement illimitée. Chaque année, quelques soldats sont démobilisés à condition qu'ils s'installent dans la colonie, tandis que les vieillards, les invalides et les anciens combattants sans commission sont en général rapatriés en France, où ils sont livrés à eux-mêmes. Mais nul jeune homme qui rejoint l'armée coloniale ne peut jamais escompter revoir sa patrie. Les nouveaux venus, incorporés dans une compagnie de troupes de la marine, doivent offrir une coûteuse fête d'initiation au cours de laquelle ils endossent une nouvelle identité, symbolisée par un sobriquet qu'ils porteront désormais. Plus d'une famille canadienne-française porte aujourd'hui encore l'un de ces noms de guerre : Laterreur, Parisien, Lafleur, Provençal, pour n'en nommer que quelques-uns.

À l'occasion, la discipline militaire peut être brutale, mais, la plupart du temps, les hommes ont quartier libre. La majorité loge chez l'habitant, le cantonnement faisant partie des multiples contraintes qui remplacent l'impôt pour le peuple de la colonie. Les soldats n'ont pas le droit de se marier sans permission et on en accorde rarement. Après les déductions, la solde est presque nulle, bien qu'il soit permis aux soldats de louer leurs services quand ils ne montent pas la garde dans les postes frontières. En fait, le personnel militaire forme une indispensable réserve de main-d'œuvre, qualifiée ou non, pour l'agriculture, la foresterie, la construction et les divers commerces. Les hommes sont rémunérés, mais il arrive souvent que la cupidité de leur capitaine fait que celui-ci prélève une partie de leurs gains.

La promotion au rang d'officier est inexistante. Un large fossé, délimitant des caractéristiques aussi bien nationales que sociales, sépare les hommes et les officiers. Alors que les premiers sont presque tous français et roturiers, les seconds sont en général canadiens de naissance et nobles ; et, bien sûr, la solde et les conditions du service sont tout à fait différentes. Les jeunes gens officiers ont un brevet de cadet ou d'enseigne, obtenu par faveur du gouverneur et généralement accordé aux fils d'officiers ou de nobles (ce qui revient au même). Les commissions ne s'achètent pas et la promotion est surtout attribuée à l'ancienneté ou au « mérite ». Les historiens qui soulignent « l'importance de l'armée » en Nouvelle-France n'ont certes pas tort, mais n'oublions pas que « l'armée » n'a rien d'un corps social bien intégré ; de plus, son effectif et son importance varient grandement selon l'époque. Pendant presque tout le XVIIe siècle, la présence militaire est plutôt minime, mais quand le Canada se prépare fébrilement à la guerre, peu après le voyage de Pehr Kalm, Montréal et Québec sont envahis par les tambours, les fusils et les uniformes.

À la tête des troupes coloniales, le corps des officiers coïncide avec la noblesse masculine du Canada. La nature aristocratique de l'Ancien Régime se révèle dans les privilèges dont sont couvertes les familles nobles du Canada. C'est à elles qu'échoient les seigneuries, les commissions d'officiers, sans oublier les diverses primes et pensions et les lucratifs congés de traite. Bien que la noblesse ne représente que 1 à 3,5 pour 100 de la population, Charlevoix nous dit qu'« [i]l y a dans la Nouvelle-France plus de Noblesse que dans toutes les autres Colonies ensemble », et, aux yeux de ce voyageur du XVIIIe siècle, c'est évidemment un problème. La France de Louis XIV a encouragé l'émergence d'une aristocratie coloniale, mais comme la noblesse se transmet à tous les fils et filles d'un père noble, le gouvernement est vite assailli par la horde des pétitionnaires, tous persuadés qu'ils ont droit aux moyens d'existence et à l'avancement reliés à leur classe. Membres d'un « état » privilégié dont le statut distinctif est inscrit dans les lois, les nobles doivent « vivre noblement », c'est-à-dire s'abstenir de tout travail manuel et refuser toute servilité. Impossible pour eux de faire carrière dans le négoce si cela signifie servir des clients ; en France, le commerce est strictement interdit à la noblesse, mais, au Canada, celle-ci a le droit d'y investir, puisque c'est l'un des rares moyens d'accumuler un capital substantiel. Pendant toute la durée du régime français, les revenus seigneuriaux sont en général tout à fait dérisoires, et les familles nobles ne conservent leurs domaines que pour le prestige et l'espoir très lointain qu'ils rapporteront un jour des revenus assurés. Leur fortune dépend surtout de l'armée et de l'État ; par conséquent, les nobles seigneurs résident principalement dans les villes. Une tâche de commandement dans un poste de l'Ouest donne à plus d'un officier l'occasion de faire une fortune plus ou moins licite dans la traite des fourrures. Pendant que les hommes de la noblesse canadienne poursuivent une carrière militaire, les femmes gèrent généralement les finances et les domaines de la famille. Plutôt que de se marier, bien des filles prennent le voile, leur noblesse leur permettant souvent de jouer un rôle très important dans les affaires des communautés religieuses de la colonie. Une partie de l'année du moins, quelques nobles résident dans leur fief, mais c'est à Québec ou à Montréal que vit la majorité d'entre eux.

Avant d'arriver à Québec, Kalm avait été favorablement impressionné par Montréal, bien que ce fût à tous égards une ville moins imposante. Au moment de sa visite, la population en croissance rapide n'y atteint encore que 3 500 âmes, environ la moitié de la population de la capitale. La campagne n'est jamais loin de ce petit bourg situé sur les berges du fleuve, la montagne servant de point de repère à l'arrière-plan. Kalm aime à se promener parmi les « excellents champs de blé, les prés charmants et les bois délicieux ». Les communautés religieuses tiennent l'hôpital, le Séminaire et d'autres établissements, dont chacun est entouré de vastes jardins, et un « château » est réservé à l'usage du gouverneur général quand il se rend à Montréal négocier avec les Autochtones de passage. Autrement, c'est une ville aux habitations modestes. « Monsieur Chavodreuil m'a dit que lorsqu'il arriva de France à Montréal pour la première fois en 1716, il n'a trouvé en ville que trois maisons en pierre ; certaines églises elles-mêmes étaient en bois ; maintenant par contre la plupart des maisons de ville sont en pierre, ainsi que toutes les églises. » Depuis le grand incendie de 1734, la pierre a commencé à remplacer le bois à un rythme rapide et le gouvernement ordonne maintenant aux constructeurs d'ériger les murs latéraux bien au-dessus de la ligne du faîte du toit pour éviter la propagation des incendies. Pehr Kalm continue : « En ville, dans la rue, la coutume est de soulever son chapeau et de saluer tous ceux qu'on rencontre ou que l'on croise ; quel travail pour celui qui est dans la nécessité de se déplacer souvent dans les rues, surtout le soir, lorsque chaque famille est assise sur le pas de la porte », nous rappelant ainsi que, à un point difficilement imaginable pour le citadin moderne, les rues et les places de cette ville préindustrielle étaient des lieux publics animés et le théâtre d'une importante interaction sociale.

Le marché de Montréal se tient chaque vendredi, lorsque les paysans des alentours y apportent des denrées alimentaires ou d'autres objets à vendre et, en retour, achètent en ville certaines choses dont ils ont besoin. Le marché ne se tient que le vendredi. Ceux qui n'ont en propre ni ferme, ni élevage d'où ils pourraient tirer des produits frais, doivent donc se procurer ce jour-là ce dont ils ont besoin, sous peine d'avoir à en souffrir au long de la semaine qui suit. La foule des Sauvages d'Amérique participe également à ce marché, tant comme vendeuse que comme acheteuse.

À Québec, le marché a lieu deux fois la semaine : là comme à Montréal, les céréales, la viande et les produits laitiers sont offerts aux acheteurs ; on trouve encore des fruits, des légumes et des poissons, de même que de la vannerie et d'autres objets d'artisanat iroquoien. Les poids et mesures ainsi que les heures de marché font l'objet de règlements de police ; la vente de céréales est interdite ailleurs qu'au marché (afin de prévenir toute tentative d'agiotage sur les denrées de première nécessité), mais, cela mis à part, vendeurs et acheteurs sont libres de s'entendre sur un prix.

Montréal est le centre du commerce des fourrures du Canada. Longtemps, la petite ville a été le lieu où les Autochtones venaient échanger leurs peaux de castor contre des couteaux, des haches, des peignes, des couvertures et autres marchandises européennes. Pendant les années 1650 et 1660, tous les étés ramenaient des centaines de canots en provenance de l'Ouest pour la foire annuelle des fourrures. De nombreux colons de Ville-Marie ont participé à ces échanges et quelques-uns s'y sont enrichis. Avec le temps, le commerce a perdu son côté exotique, puisque c'étaient les voyageurs canadiens-français qui chargeaient désormais leurs canots pour porter de plus en plus loin leurs marchandises aux Autochtones de l'intérieur du continent. À l'époque de Kalm, Montréal est davantage la base des opérations de la traite des fourrures qu'un lieu d'échange commercial entre les deux cultures. Sa communauté d'affaires est spécialisée dans l'équipement des expéditions dans l'Ouest ; elle achemine les peaux vers Québec (ou, en douce, vers

Albany) et se livre au commerce de détail pour la clientèle locale. Le portrait des marchands de Montréal que trace Louise Dechêne, fondé sur l'étude minutieuse des inventaires et des livres de comptes, ne révèle pas cette frivolité et cette ostentation que Kalm leur attribue comme caractéristiques de leur classe ; plutôt, il dépeint des individus qui tirent parti des occasions limitées de profit s'offrant à eux et qui vivent aussi frugalement que le leur imposent leurs modestes revenus.

Autrefois concurrente pour la domination du commerce des fourrures, Trois-Rivières a été devancée par Montréal longtemps avant que Pehr Kalm ne s'y arrête. En dépit de son gouverneur régional et de son Couvent des ursulines, malgré la présence toute proche des Forges du Saint-Maurice qui en font jusqu'à un certain point une ville industrielle, Trois-Rivières n'atteint pas le statut de centre urbain de première importance, même selon les normes modestes de la Nouvelle-France. Kalm la dépeint ainsi : « cette ville a l'allure d'un gros bourg ».

Consciencieux observateur d'outre-mer, Pehr Kalm, à bien des égards, est un excellent guide, mais de multiples aspects de la vie urbaine en Nouvelle-France lui échappent. Certains spectacles, certains bruits et certaines odeurs doivent lui paraître si familiers et d'une telle banalité qu'il ne lui vient pas à l'esprit de les mentionner. Seul un « voyageur de l'avenir », remontant le temps, remarquerait l'absence d'éclairage dans les rues et la profonde obscurité dans laquelle est plongée la ville, atténuée seulement par la clarté de la lune et percée çà et là par la lueur des lampes et des bougies à travers les fenêtres ou par la lanterne que balance un passant le long d'un trottoir. Il passe également sous silence l'odeur des excréments humains. Les latrines sont loin d'être chose courante à l'époque, et les rues de Montréal et de Québec, comme celles de Stockholm, d'Helsinki et de Paris, servent d'égout à ciel ouvert et sont particulièrement insalubres quand au printemps la fonte des neiges ramène à la surface les déchets de tout l'hiver. Les animaux — certainement plus nombreux dans les villes de Nouvelle-France que l'*homo sapiens* — contribuent à la saleté des lieux. Les rues laissent voir beaucoup de chevaux et des chiens attelés à de petites voitures (Kalm a souligné cet usage, disant du chien qu'il est « le cheval du pauvre », une spécificité canadienne d'après lui) ; on trouve aussi des poules, des vaches et des cochons dans les cours. Normalement, le trafic va au pas dans les rues étroites, mais on se plaint des officiers qui traversent la ville au galop, précipitant les piétons dans les congères.

Les « petites gens » du Canada français, bien qu'ils forment la masse de la population urbaine, sont presque invisibles dans le récit de Pehr Kalm. Hôte de l'élite coloniale, celui-ci a peu de contacts avec les artisans, les ouvriers, les prostituées, les soldats, les vendeurs du marché qui se rassemblent dans les villes de la Nouvelle-France, et il n'en parle pas, si ce n'est à l'occasion d'une anecdote sur la nécessité de donner un pourboire aux soldats qui manient les rames de la barque au départ de Montréal sous peine d'être « baptisé » dans le fleuve à l'arrivée à Québec. Sinon, il voit les membres des « classes inférieures » non pas en tant qu'individus, mais sous l'angle de la « rareté de la main-d'œuvre » : « Un ouvrier qui a des compétences artisanales reçoit par jour un écu et quatre livres ; un ouvrier ordinaire, de 30 à 40 sols par jour, mais davantage en temps de moisson. Il est difficile de se procurer de la main-d'œuvre parce que chacun peut avoir son propre bien et une terre à cultiver, sur laquelle il peut vivre à l'aise sans trop se faire de souci, et les gens d'ici n'aiment pas travailler durement quand ils peuvent faire autrement. » Du point de vue des employeurs, voilà le principal problème qui hante tant d'administrateurs coloniaux, accoutumés à la pauvreté et à la main-d'œuvre bon marché de l'Europe. Les

73

historiens qui expliquent ce phénomène par le faible chiffre de la population ou par l'influence néfaste de la traite des fourrures ne voient pas ce qui saute aux yeux de Kalm et de ses contemporains : puisque les colons ont le choix de vivre indépendants, rien ne les motive à travailler pour autrui.

On trouve bien sûr des journaliers dans les villes comme dans les régions agricoles de la Nouvelle-France. Jusqu'ici, les historiens n'ont pu découvrir grand-chose à leur sujet, en grande partie parce que, en tant qu'élément marginaux, ils sont rarement mentionnés dans les documents. Par conséquent, nous ne savons pas si le louage de services ne représente qu'une étape, quelque chose que font les jeunes gens pendant quelques années avant de s'établir comme habitant ou comme commerçant, ou s'il s'agit plutôt de l'occupation de toute une vie. Nous savons que les manœuvres ont toujours été peu nombreux, ils représentent peut-être 10 pour 100 de la population de Québec. En outre, les sources laissent croire que cette rareté fait grimper les salaires jusqu'aux sommes astronomiques citées par Kalm. Mais même si un homme gagne 30 ou 40 sols par jour en déchargeant les navires ou en aidant à une excavation, le travail s'arrête toujours en hiver. Selon les calculs de Louise Dechêne, l'ouvrier moyen qui ne touche son salaire qu'une partie de l'année aura longtemps de la difficulté à survivre. Situation coloniale classique : la vie coûte cher, on peut facilement travailler à son propre compte et, conséquemment, la main-d'œuvre est onéreuse et insoumise.

Devant ce problème fondamental, les colonisateurs des autres régions d'Amérique ont recours au travail forcé — esclaves africains, indigènes asservis, prisonniers européens, etc. — pour tirer parti des richesses du Nouveau Monde. On tente la même chose au Canada, mais ce n'est qu'une solution partielle au « problème de la main-d'œuvre ». Jamais les Français ne sont assez puissants pour imposer le travail forcé à leurs voisins indigènes qui, de toute façon, sont bien plus utiles comme libres trappeurs et comme auxiliaires militaires. Cependant, les riches achètent des prisonniers de guerre panis qu'on amène des lointaines Prairies et des esclaves d'origine africaine (voir, plus loin, le chapitre 5), mais la colonie n'est jamais assez opulente pour faire de l'esclavage un mode de vie très répandu. Les patrons peuvent louer les services des engagés ou des soldats, deux catégories de travailleurs rémunérés, mais qui ne sont pas totalement libres. C'est donc à un degré très limité qu'on peut parler d'un « libre marché » du travail sous le régime français et, quand les hommes ont le choix, ils optent généralement pour la vie indépendante de l'habitant ou de l'artisan.

Les artisans autonomes offrent la plupart des « biens et services » nécessaires à la population de la Nouvelle-France. Les charpentiers et les maçons bâtissent les habitations de la colonie et ils reçoivent des propriétaires, lorsque le travail est terminé, non pas un salaire horaire, mais un paiement forfaitaire fixé d'avance par contrat. Les tanneurs achètent des peaux et en font du cuir en utilisant leurs propres cuves, produits chimiques et séchoirs ; ils vendent ce cuir aux cordonniers qui n'ont besoin que d'un petit banc, d'un modeste assortiment d'alènes et de poinçons, d'aiguilles et de marteaux pour transformer cette matière brute en souliers et en bottes faits sur mesure. L'armurier sait réparer un fusil et même en fabriquer un de toutes pièces avec du bois, du cuivre et une barre de fer. Bien peu de ces gens de métier travaillent complètement seuls : comme la ferme de l'habitant, la boutique de l'artisan est normalement l'affaire de toute la famille. Qui plus est, quelques-uns s'associent. La plupart ont un apprenti et plusieurs engagent un ouvrier de temps à autre. En général, cependant, le travail n'est pas une ressource coupée de la vie et achetée à taux horaire; plutôt, travail et propriété, conception et exécution demeurent étroitement liés.

La vie artisanale au Canada est caractérisée par une liberté qui la distingue de celle des corporations strictement réglementées de la France d'avant la Révolution. Ici, le statut de maître artisan est ouvert à quiconque peut prétendre à une compétence professionnelle; exception faite des chirurgiens, ni apprentissage ni licence ne sont requis. Si les bouchers et les boulangers, sur qui repose le ravitaillement de la communauté, sont soumis à une étroite surveillance, n'importe qui d'autre peut offrir ses services à la population. Dans certains emplois qui demandent moins de qualifications, surtout dans la construction, les ouvriers préfèrent éviter la spécialisation. Ils se présentent comme peintres aujourd'hui, demain comme maçons, et tiennent probablement quelque cabaret de surcroît. Il y a davantage de stabilité dans les métiers plus exigeants — perruquiers, sculpteurs ou ferronniers par exemple —, et là, l'apprentissage est florissant. Non pas que l'on se conforme ainsi à quelque exigence légale, mais on veut assurer la transmission des techniques. Les parents confient leurs fils à un maître reconnu, pour une période de trois ans, selon l'usage. L'apprenti aide son maître, vit chez lui et mange à sa table avec la famille; du maître, on attend qu'il inculque la discipline à l'apprenti, veille à son instruction religieuse et lui livre les « secrets de son art ».

Apprentis, maîtres artisans, soldats, marchands, prêtres et nobles : quelle diversité règne dans ces villes coloniales, si petites soient-elles au regard des normes européennes ! Et nous n'avons pas encore parlé des éléments marginaux de la Nouvelle-France urbaine : les domestiques, libres ou esclaves; les matelots du port qui, en attendant un nouveau départ, folâtrent avec les prostituées rassemblées dans les bouges de la basse ville de Québec; les vendeurs du marché, dont la voix claironnante trouble

les éléments marginaux

la célébration de la messe dans les églises avoisinantes; les mendiants qui colportent leur triste histoire de maison en maison. Dans la ville préindustrielle, tous ces spécimens d'humanité vivent les uns avec les autres, sans cette ségrégation spatiale des classes qui caractérise les cités modernes. Dans les rues encombrées de Montréal et de Québec, les marchands et les grandes dames ne peuvent éviter de côtoyer les maçons, les soldats et les prostituées.

Dans la société de l'Ancien Régime, nul ne prétend que les individus soient sur un pied d'égalité. Les artisans se découvrent quand passent un prêtre ou un représentant du gouvernement, et le boutiquier qui aurait l'audace d'importuner un gentilhomme au sujet d'une facture impayée verrait son « insolence » punie d'une volée de bois vert. Le rang est assumé ostensiblement et l'autorité s'exerce dans la tranquille certitude que la subordination est voulue par Dieu lui-même. L'État, souscrivant à la conception traditionnelle des trois « ordres » de la société, privilégie la noblesse et le clergé; selon l'idéologie qui a cours, la richesse n'est certes pas un critère du rang, bien que l'État fasse ce qu'il peut pour permettre aux ordres privilégiés de maintenir leur rang, faisant de celui-ci, autant que possible, un critère de la richesse. Mais, dans la vie de tous les jours, l'argent confère pouvoir et influence, de sorte que les habitants endettés et les pauvres ouvriers de la construction sont sous la coupe des riches marchands, pourtant « roturiers » et appartenant comme eux au tiers état. La présomption de la juste subordination des femmes aux hommes, des enfants aux adultes et, dans ce contexte colonial, des gens de couleur aux Blancs recoupe de manière complexe cette idéologie du statut des ordres et des réalités économiques de classe, comme nous le verrons dans les chapitres qui suivent. Il serait trompeur, donc, de percevoir la société de la Nouvelle-France (ou toute autre société d'ailleurs) comme un

l'hiérarchie

composé de strates géologiques ou comme une échelle où se succèdent les degrés ; l'inégalité est davantage une question de *rapports* que de simple position sociale.

Le discours de l'Ancien Régime traduit l'inégalité, constituant une manière de parler des relations humaines en termes de supériorité et d'infériorité. D'habitude, la supériorité (celle du mari sur sa femme, celle du capitaine sur le lieutenant, celle du noble sur l'habitant, etc.) signifie non seulement le privilège, mais aussi l'autorité, et l'autorité implique à son tour la responsabilité. La supériorité n'est pas réduite à la fonction ; elle est plutôt perçue comme une valeur intrinsèque. Au Canada, il n'y a pas de castes rigides ; encore plus qu'en Europe, les rapports peuvent s'y modifier, des individus sortent de l'obscurité et atteignent la prééminence. Quand Charles LeMoyne arrive au Canada, par exemple, il n'est rien d'autre qu'un engagé sans le sou, mais il fait fortune dans la traite des fourrures, achète une seigneurie et est admis au sein de la noblesse. Cependant, une telle ascension demeure quelque peu douteuse pour l'orthodoxie du temps. La façon dont nous concevons la société en cette fin du XXᵉ siècle est presque exactement à l'opposé du point de vue de l'Ancien Régime. Nous tenons pour acquise la « mobilité sociale vers le haut », nous étonnant uniquement de ce que la majorité des individus n'atteignent jamais le sommet. Au contraire de cet Ancien Régime féru de hiérarchie, nous acceptons le postulat théorique de l'égalité de tous, mais nous sommes fort embarrassés lorsqu'il s'agit de trouver les mots pour expliquer les énormes inégalités dans la richesse, le pouvoir et la liberté qui structurent en fait notre vie collective.

Au Canada de l'époque, pas de castes rigides

Chapitre 4

Les femmes de la Nouvelle-France

Les Européens qui visitent la Nouvelle-France ne manquent pas de formuler quelques commentaires au sujet des femmes de la colonie, presque toujours élogieux d'ailleurs. En voici un exemple : « Elles sont spirituelles, ce qui leur donne le pas sur les hommes en presque toutes circonstances. » Dans ses carnets, Pehr Kalm multiplie les notes sur elles ; comment « elles s'habillent, frisent et poudrent leurs cheveux chaque jour et les mettent sur papillotes chaque soir », comment elles sourient lorsqu'elles entendent un étranger parler leur langue de façon maladroite, les airs qu'elles fredonnent, etc. En règle générale, les récits de voyage ne contiennent que de superficielles observations sur les manières des classes supérieures, que rend souvent plus piquantes une amusante inversion de la hiérarchie sexuelle « naturelle ». Bacqueville de la Potherie, plus terre-à-terre, ôte un peu du lustre de cette galanterie en révélant implicitement à quoi il s'attendait : « Quoique les Canadiennes soient en quelque façon d'un Nouveau Monde, leurs manières ne sont pas si bisarres ni si sauvages qu'on se l'imagineroit. Au contraire ce sexe y est aussi poli qu'en aucun lieu du Royaume. » Si intéressantes qu'elles soient à plus d'un point de vue, les sources de cette sorte ne nous révèlent rien sur la « place des femmes » en Nouvelle-France ni sur la façon dont

le patriarcat

les réalités de cette époque se comparent avec les normes modernes de l'égalité des sexes.

Les femmes du Canada français et les hommes qui ont souligné leur charmante « supériorité » ont tous vécu en ce début de l'ère moderne où l'on considérait que la femme, de par sa nature même, devait être soumise à l'homme. Quelques-uns de nos auteurs sont trop bien élevés pour s'appesantir sur la supériorité des hommes, mais les idéologues de ce temps font parfois preuve d'une franchise désarmante lorsqu'il s'agit des principes fondamentaux du patriarcat. Comparant la famille à un royaume, Jean Bodin, philosophe français, parle de « l'auctorité, puissance, & commandement, que le mari a sur la femme de droit divin & humain : & la subjection, reverence, & obeissance, que doit la femme au mari en tout honneur & chose licite. » L'évêque de Québec s'appuie sur le même modèle patriarcal quand il s'adresse aux femmes de la colonie. Une femme doit à son mari, non seulement un amour sincère et cordial, mais aussi le respect, l'obéissance, la douceur et la patience à souffrir ses défauts et ses mauvaises humeurs. Comme les autres collectivités, la famille doit avoir pour base l'autorité et, dans le cas présent, c'est le *pater familias* qui en est investi, guidant et au besoin punissant femme, enfants et domestiques, sans exception. Le patriarcat n'est pas un programme, une politique conçue de propos délibéré par des hommes avides de pouvoir ; en temps normal, il ne fait l'objet d'aucun débat, il n'est le sujet d'aucune discussion ; il nous faut reconnaître dans le patriarcat quelque chose de plus profond — un mode de penser et d'agir qui, au cours des siècles, est entré dans les us et coutumes et dans les langues elles-mêmes de l'Europe, structurant les rapports et modelant l'identité des individus.

La plupart des sociétés érigent un imposant édifice culturel autour de cette polarité homme/femme, et les peuples iroquoiens qui partagent la vallée du Saint-Laurent avec les Français ont leur propre interprétation des rôles des deux sexes. On y trouve assez de similarités superficielles avec la pensée européenne pour que les Européens considèrent certaines pratiques iroquoises comme « normales ». Les femmes triment, s'occupant du feu, de la maisonnée et de la nourriture, pendant que les hommes vagabondent ; seuls ceux-ci peuvent aspirer au prestige que procurent les succès guerriers ; prendre la parole en public, une des clés de l'influence politique, est leur monopole ; tous les chefs civils et militaires sont de sexe masculin. Pourtant, en dépit de ces éléments communs, le régime iroquois, en ce qui a trait aux rôles de l'homme et de la femme, contraste fondamentalement avec celui des Français, car il n'est pas patriarcal. Si les femmes portent seules le poids de l'économie domestique, elles détiennent aussi l'autorité absolue dans la maison, et un homme qui ne saurait se faire agréer par un groupe familial dominé par les femmes ne trouverait bientôt rien à manger. La filiation est transmise par la lignée maternelle et, par conséquent, seules les femmes peuvent donner le nom dont les hommes ont besoin pour accéder au statut de chef. Elles disposent donc d'une voix prépondérante dans le choix de celui-ci. Le monopole masculin des « fonctions publiques » est compensé par l'étendue très limitée des pouvoirs qu'exercent les chefs ; chez les Iroquois libertaires, le commandement et l'obéissance n'ont rien à voir avec la conduite des villages, des tribus ou des familles. Jamais un chef ne prend de décision sans tenir compte des désirs de la communauté et, comme membres de celle-ci, les femmes font valoir leur point de vue. Fin observateur des Iroquois chrétiens de Kahnawake, le jésuite Joseph-François Lafitau est frappé par le pouvoir des femmes amérindiennes :

> Rien n'est cependant plus réel que cette supériorité des femmes. C'est dans les femmes que consiste proprement la

Nation, la noblesse du sang, l'arbre généalogique, l'ordre des générations, & de la conservation des familles. C'est en elles que réside toute l'autorité réelle : le pays, les champs & toute leur récolte leur appartiennent : elles sont l'ame des conseils, les arbitres de la paix & de la guerre : elles conservent le fisc ou le trésor public ; c'est à elles qu'on donne les esclaves : elles font les mariages, les enfans sont de leur domaine, & c'est dans leur sang qu'est fondé l'ordre de la succession. Les hommes au contraire sont entièrement isolés & bornez à eux-mêmes [...].

L'expression « toute l'autorité réelle » révèle chez Lafitau le prisonnier de son temps et de sa culture, qui est incapable de trouver les termes pour décrire une société dans laquelle nul ne règne sur les autres. D'aucuns ont subi son influence et appliquent à la société iroquoise l'étiquette de « matriarcat », mais ce vocable est trompeur, car, même si les femmes iroquoises jouissent d'importants pouvoirs, elles ne gouvernent pas la communauté au sens où on l'entend habituellement. Ni matriarcat ni patriarcat, le régime iroquois comporte une *division* des rôles précise entre l'homme et la femme, mais sans *hiérarchie* fondée sur le sexe.

Le christianisme a fort peu d'influence sur les Iroquois dans ce domaine. Les premiers missionnaires jésuites font de leur mieux pour imposer les normes patriarcales. Ils encouragent les parents à battre leurs enfants, ils humilient les femmes « rebelles » et essaient de convaincre les hommes de dominer la famille. Mais ces tentatives pour manipuler la société amérindienne remportent un succès très limité, et les missionnaires ont vite fait d'adopter une approche plus modérée. Chez les Iroquois, qui sont les plus nombreux convertis parmi les Amérindiens du Canada, les jésuites découvrent que les femmes sont plus réceptives que les hommes à leur message religieux ; ils sont donc de moins en moins enclins à promouvoir le pouvoir masculin. Aux institutions indigènes de la vie civile, l'Église ajoute de nouvelles sphères d'influence (comme celle des « dogiques », chargés d'enseigner la religion), surtout occupées par des femmes, à Kahnawake à tout le moins. Par conséquent, celles-ci semblent jouir dans ce village catholique de pouvoirs encore plus grands que ceux qu'elles exerçaient auparavant chez elles, en Iroquoisie.

Qu'en est-il des Blanches du Canada français? Dans le monde colonial, comme nous l'avons vu plus haut, les rôles sont distribués, les identités façonnées et les comportements jugés en fonction des normes du patriarcat. Pourtant, reconnaître ce fait culturel fondamental ne nous avance pas beaucoup. Après tout, les recherches en histoire des femmes indiquent généralement que ces idéaux de soumission et d'attachement à la vie familiale laissent place à toutes sortes de comportements divergents et que, même quand elles ne contestent pas ouvertement la domination masculine, les femmes sont capables de se tailler des zones d'autorité et de vivre une vie empreinte d'autonomie et de dignité. Quelle est donc la condition réelle des femmes en Nouvelle-France? Leur situation dans la colonie est-elle vraiment privilégiée par rapport à celle des Européennes ou encore par rapport à celles des Canadiennes des siècles à venir? Cela dépend en partie du sens que l'on donne au mot « privilégié » et de la classe sociale que l'on considère.

Notre Marie fictive a, dans sa maison et à la ferme, un éventail de droits, de devoirs, de corvées qui la tiennent sans cesse occupée, mais elle est très largement autonome. Considérons maintenant l'existence oisive d'Élisabeth Bégon, dame de la noblesse canadienne dont les lettres abondent en récits de parties de plaisir, de visites et en potins sur la politique : entre les fêtes, l'ennui est son pire ennemi. Chez elle, la cuisine, le ménage et presque tous les soins à donner aux enfants sont exécutés par les servantes qui ont peu à voir, quant à elles, avec l'indépendance de Marie ou la liberté d'Élisabeth. En ville, les servantes (à l'exception des esclaves) sont pour la plupart des filles de fermiers qui travaillent sans salaire, mais en échange du logement, de la nourriture et d'un petit trousseau, et qui restent sous la coupe de leur patron jusqu'à leur mariage. Ces trois cas d'espèce illustrent la diversité qui rend assez insaisissable la notion de la « place des femmes ». Néanmoins, il est possible d'analyser quelques cadres juridiques, moraux et matériels qui conditionnent la vie des femmes dans la colonie et de s'arrêter aux divers genres de vie que celles-ci peuvent mener.

Commençons par le mariage, car à l'époque, pour les femmes encore plus que pour les hommes, les rapports conjugaux sont d'une importance primordiale. Les mariages arrangés par les parents sont à peu près inconnus et, bien que dans la classe supérieure ceux-ci tentent parfois de s'opposer au choix de leur enfant, normalement, les jeunes gens sont libres d'épouser qui ils veulent. Selon les normes européennes, les femmes se marient jeunes et les veuves se remarient promptement, de sorte que, dans le Canada des débuts, être une femme adulte, c'est être mariée, dans la très grande majorité des cas. Cette facilité à trouver un mari et à s'établir peut être perçue comme un « avantage », étant donné les difficultés que la société crée aux célibataires, mais ce n'est certes pas un bonheur sans mélange. Avec le mariage commence la série implacable des grossesses et des accouchements ; à l'exception des riches, pour toutes les femmes, cela implique aussi les tâches ménagères : préparer les repas, coudre, repriser et laver les vêtements, nettoyer la maison, entretenir le jardin, et ainsi de suite, sans fin. Puis, il y a encore la mauvaise humeur du mari qu'il faut subir joyeusement. Bien sûr, il n'y a aucune raison de croire que des rapports humains complexes comme ceux qui existent entre mari et femme se conforment rigoureusement à la formule simpliste de l'évêque citée plus haut : sans doute, bien des femmes défendent leurs intérêts dans la famille avec la dernière énergie. Mais si un mari use de violence envers sa femme « désobéissante », la loi lui donne raison ; il n'est tenu que de se restreindre à administrer des « corrections raisonnables ».

Donner naissance à peu près tous les deux ans jusqu'à la ménopause, voilà le lot des femmes mariées de toutes conditions sociales. Les médecins ne se mêlent généralement pas des accouchements, à moins que ne surviennent de graves complications. Au moment d'accoucher, les femmes comptent plutôt sur leurs voisines ou sur la sage-femme du lieu. En cas d'urgence, il est possible que le mari ou un autre parent de sexe masculin assiste la parturiente. Les sages-femmes sont en général des matrones dont l'expérience et la personnalité rassurante leur ont gagné la confiance du voisinage. En plus d'assister la mère, elles doivent ondoyer le nouveau-né qui paraît en danger de mort (elles poussent parfois le zèle jusqu'à baptiser un enfant mort-né), et cette fonction religieuse fait d'elles un sujet de préoccupation pour l'Église. Le curé doit donc voir à la sélection, pour sa paroisse, d'une sage-femme à la moralité sans faille et exiger d'elle qu'elle prête un serment d'office devant l'Église. Mais tout semble indiquer que ce sont les femmes de chaque communauté rurale qui la choisissent dans leurs propres rangs. L'État y met aussi son grain de sel : vers la fin du régime français, un groupe de sages-femmes formées et diplômées sera fondé en Nouvelle-France, mais on n'en trouve que dans les villes. Ce n'est qu'après la conquête britannique que les médecins commencent à pratiquer des accouchements. Et, bien sûr, après une campagne longue de plus d'un siècle contre les sages-femmes, ils finiront par monopoliser ce champ. Sous le régime français cependant, l'enfantement est encore un domaine presque exclusivement féminin.

La plupart des mères canadiennes allaitent elles-mêmes leurs bébés, bien que quelques citadines aient recours à des nourrices. Danielle Gauvreau estime à environ 15 pour 100 le nombre des enfants nés dans la ville de Québec au début du XVIIIᵉ siècle qui sont mis en nourrice à la campagne, surtout dans la paroisse voisine de Charlesbourg, pour y demeurer jusqu'à l'âge de deux ou trois ans. Cette pratique, que Jean-Jacques Rousseau dénoncera plus tard comme étant contre nature, est très répandue en France à l'époque. Dans l'élite urbaine, les femmes ont recours aux nourrices — sans doute pour libérer leur vie mondaine du souci des soins à donner aux enfants, mais aussi parce qu'elles croient l'environnement rural plus sain ; les pauvres ouvrières placent aussi leurs nourrissons, et dans leur cas, c'est tout simplement parce que, devant poursuivre leur travail, elles n'ont pas d'autre choix. En Nouvelle-France, on ne trouve pas l'équivalent de la situation des tisserandes de Lyon réduites à la misère. Dans la colonie, les nourrices sont recherchées par les femmes des administrateurs, des officiers et des négociants seulement. Il s'agit là d'une pratique élitiste peu courante.

La responsabilité première de l'éducation des jeunes enfants appartient à la mère de famille. Ainsi, après la mort de sa fille, Mᵐᵉ Bégon reprend son rôle d'éducatrice en élevant sa petite-fille orpheline : « Elle me fait passer le temps moins ennuyant que je ne ferais, en lui montrant tout ce qu'elle veut apprendre : tantôt l'histoire de France, tantôt la romaine, la géographie, le rudiment à lire français et latin, écrire, exemples, vers, histoire, tels qu'elle les veut, pour lui donner l'inclination à écrire et à apprendre. » Peu de Canadiennes disposent à la fois du temps et des connaissances nécessaires pour offrir une aussi vaste instruction ; la majorité se confine certainement à l'enseignement du catéchisme, accompagné parfois d'un peu de lecture. Les filles de l'élite étudient encore chez les ursulines les arts d'agrément (aquarelle, musique, langues étrangères), tandis que les sœurs de la Congrégation de Notre-Dame offraient une formation de base. On dit souvent que les femmes de la Nouvelle-France étaient « plus instruites » que les hommes. Il se peut fort bien que l'obligation maternelle de transmettre l'instruction religieuse aux enfants ait incité une plus forte proportion de femmes à développer leur capacité de lecture. Pourtant, l'étude des registres paroissiaux sous le régime français révèle que les maris sont toujours plus aptes que leur épouse à signer leur nom. D'où vient cette contradiction? C'est que la lecture et l'écriture sont deux habiletés fort différentes à cette époque, la lecture étant associée plutôt à la religion et l'écriture aux affaires, donc au champ masculin. Il serait fallacieux de déclarer sans nuances que les femmes étaient *plus* instruites que les hommes, mais il est juste de dire qu'elles l'étaient *différemment*.

L'apport des femmes à la jeune économie canadienne est incalculable; d'autant plus incalculable qu'on ne peut pas le mesurer. Les comptes coloniaux permettent à tout le moins d'estimer la production de blé, de fourrures et d'autres marchandises qui passent par les mains des hommes, mais nous n'avons aucune idée de la quantité de beurre, de laine ou d'œufs produits en Nouvelle-France. L'absence de documents à ce sujet démontre que ces activités dites « féminines » sont perçues comme accessoires. Bien qu'il y ait une répartition des tâches précise à cette époque, les sphères masculines et féminines ne sont pas encore aussi radicalement distinctes qu'elles le deviendront au cours des siècles futurs. La montée du capitalisme industriel imposera le modèle de « l'économie du soutien de famille », dans laquelle le mari travaille à l'extérieur et gagne le revenu pendant que la femme s'occupe de *son* foyer et de *ses* enfants et (selon cet idéal) est confinée à l'économie domestique

« non productive ». L'écart entre les fonctions « productives » et « domestiques » est beaucoup moins grand dans les sociétés pré-industrielles, comme celle du Canada sous le régime français, là où l'unité économique principale est la famille plutôt que l'individu. Puisque la majorité de la population vit dans des fermes autosuffisantes, personne ne rapporte de l'extérieur l'essentiel ; l'essentiel est déjà sur place. Peu d'hommes sont salariés, et tous — de l'habitant au marchand et au haut fonctionnaire — travaillent « à la maison », pour ainsi dire. Bien que le travail féminin soit sous-évalué, il n'est pas passé sous silence ; il n'est pas non plus perçu comme absolument différent des « vraies » activités de production des hommes.

Durant les siècles où la France gouverne le Canada, l'acteur économique principal est la famille, et celle-ci forme une équipe, encore qu'il existe une inégalité entre ses membres. En plus de tous les domaines habituels dont la responsabilité leur incombe, les femmes contribuent très souvent, et de façon directe, aux entreprises du mari. On ne voit rien de choquant à ce qu'une femme exécute des tâches dites « masculines », même si un homme qui s'adonne à « l'ouvrage de femme » frise le ridicule. Les femmes des habitants travaillent aux champs, surtout pendant la moisson. En ville, les femmes des artisans jouent souvent un rôle primordial, au moins pour la vente au détail, et même dans la fabrication. Les femmes des officiers et des administrateurs ont tendance à prendre une part active dans les manœuvres nécessaires au succès d'une carrière. Certains métiers, comme celui d'aubergiste, sont ouverts aux deux sexes.

Il n'est que naturel qu'une veuve qui a longtemps participé à l'entreprise familiale tente de la poursuivre après la mort de son mari, surtout lorsqu'il s'agit d'une entreprise commerciale, si difficile à liquider même lorsqu'on le désire. Après la mort de son mari, Marie-Anne Barbel, veuve Fornel, se révèle comme l'un des plus importants négociants de la colonie, ayant des intérêts dans les fourrures, la briqueterie et l'immobilier. On pourrait citer plusieurs autres femmes entrepreneurs sous le régime français, pas toutes veuves d'ailleurs, et il faut souligner que le fait d'être une femme n'est pas un empêchement au succès en affaires. Mais ne perdons pas de vue que les femmes entrepreneurs sont l'exception. Elles ne sont pas non plus un phénomène réservé au Canada : on trouve des femmes d'affaires en Europe et dans les colonies britanniques à cette époque. On doit à Laurel Thatcher Ulrich l'expression de « mari suppléant » pour décrire un aspect du rôle de la femme mariée dans la Nouvelle-Angleterre coloniale. Au XVIIe siècle, on considère comme tout à fait normal que l'épouse devienne chef de famille en cas d'urgence ou quand le mari est absent ou décédé. Les hommes de la Nouvelle-France s'absentent-ils plus souvent que ce n'est le cas ailleurs, ce qui amènerait alors les femmes à prendre toute la responsabilité des affaires ? Sur ce sujet, nous ne disposons d'aucune preuve solide nous permettant de nous prononcer. Il est vrai que les hommes du Canada partent souvent en expédition de traite ou participent à des opérations militaires. Mais le devoir force les hommes à quitter leur foyer ailleurs au monde.

Il est un aspect important de la situation économique des femmes qui est particulier au Canada français si on le compare avec la situation des États-Unis de l'époque coloniale. Selon la Coutume de Paris, le régime de la propriété des conjoints repose sur des principes très différents de ceux qui gouvernent les pays anglais. Dans les deux cultures, la tradition amalgame l'identité des deux époux en matière d'achat, de vente, de propriété et de location, mais selon le droit anglais (oublions pour simplifier les exceptions et les réserves), l'identité consolidée est celle du mari. William Blackstone, qui écrit à l'époque de la Conquête, décrit le régime matrimonial de l'Angleterre dans les termes suivants :

le droit anglais :

« Par le mariage, le mari et la femme ne font plus qu'un en droit ; c'est-à-dire que l'identité même de la femme, ou son existence juridique, est suspendue durant le mariage ; ou, à tout le moins, elle est incorporée et réunie à celle du mari, sous l'aile, la protection et le couvert de qui elle accomplit toutes choses. » Au Canada français, comme dans le Nord de la France, la fusion matrimoniale n'impose pas à l'épouse la dissolution de son identité économique dans celle du mari. Au contraire, le couple forme une espèce de compagnie, la « communauté de biens », propriété des deux à parts égales. Pierre et Marie, ce couple d'habitants dont nous avons parlé plus haut, possèdent chacun 50 pour 100 de l'entité juridique désignée sous le nom de Pierre-et-Marie, et c'est cette « personne » qui est propriétaire de leur terre et de tous leurs biens ; elle peut acheter et vendre, poursuivre ou être poursuivie en justice, ce que ni l'un ni l'autre ne saurait faire seul. Par conséquent, en vertu du droit civil du Canada français, tous les contrats requièrent normalement la signature des deux conjoints.

Tout cela semble très égalitaire, ce qui est vrai jusqu'à un certain point, mais le régime de la communauté de biens n'est pas aussi moderne qu'il appert. La Coutume de Paris déclare sans ambages que « le mari est le chef de la communauté », et quand une femme mariée signe au contrat avec son mari, le notaire ne manque jamais d'ajouter qu'elle le fait « avec la permission dudit époux ». Il faut donc comprendre que la communauté de biens, si elle confère aux femmes un droit de propriété égal pendant le mariage, ne donne pas pour autant des droits de gestion égaux. Ainsi, au jour le jour, les affaires de la famille se traitent probablement en Nouvelle-France de la même manière qu'en Nouvelle-Angleterre. Par exemple, les épouses sont consultées, mais ce sont les hommes qui agissent. C'est quand l'un des conjoints meurt que les caractéristiques particulières du droit français entrent réellement en jeu. Avant que le veuf ou la veuve ne puisse se remarier, il faut dissoudre la communauté de biens et donc faire l'inventaire de toutes les possessions du couple (autre source inestimable pour les socio-historiens). On opère la division à parts égales tant des dettes que des avoirs; le survivant conserve sa moitié et l'autre part va aux héritiers. Si les dettes excèdent la valeur de l'actif, la femme peut « renoncer à la communauté », ce qui signifie qu'elle prend ses quelques biens propres et abandonne le reste aux créanciers sans être tenue d'acquitter le solde. (Le veuf n'a pas cette échappatoire; « chef de la communauté », il ne saurait éluder sa responsabilité.) En pratique, la situation après le décès du mari n'est peut-être pas si différente de ce qui se passe dans l'Amérique du Nord soumise au droit anglais, car là, les hommes prévoient souvent par testament l'équivalent d'un douaire pour leur veuve éventuelle et des legs permettant aux enfants de s'établir. Cependant, au Canada français, cela ne dépend ni du bon vouloir ni du testament de l'homme; les femmes mariées ont un droit inhérent à une pleine part de la propriété familiale, et les filles ne peuvent pas être privées d'un héritage égal à celui de leurs frères.

Ce système juridique a survécu à la Conquête, au grand dam des Britanniques qui visitent le Canada au début du XIXe siècle. « La femme étant par mariage investie du droit à la moitié de la propriété du mari, écrit l'un d'eux, et étant ainsi indépendante de lui, c'est peut-être la cause éloignée de ce que le sexe faible a tant d'influence en France; et au Canada, la chose est bien connue, elle s'accorde énormément d'importance et même un air de supériorité sur le mari. » C'est un intolérable empiètement sur la liberté du mari de disposer de ses biens, protestent les Anglais, alors que ce dernier doit toujours obtenir la signature de sa femme. Et puisque les testaments n'ont quasiment pas cours dans les successions canadiennes-françaises, un homme ne peut même pas décider comment sera répartie sa richesse après sa mort. Bien sûr, cette indignation naît de l'iné-branlable conviction que la propriété familiale est, ou devrait être, celle du mari. Contrairement aux tyrans domestiques qui abondent dans les romans anglais de l'époque, un père cana-dien-français ne peut menacer sa fille, si elle est amoureuse d'un homme qui lui déplaît, de la déshériter, et il n'a pas non plus de levier économique qui lui permettrait de prendre action contre sa femme. Les mécanismes du patriarcat se situent ailleurs dans le système français.

Si les femmes célibataires sont beaucoup plus rares en Nou-velle-France qu'en Europe, ce ne sont pas toutes les femmes qui deviennent épouse et mère. La vie religieuse, choisie par une portion, petite mais substantielle, de la population féminine (environ 3,7 pour 100 des femmes, selon une estimation), offre une autre voie possible. Il n'y a pas de contemplatives dans la colonie. Au contraire, toutes les communautés sont vouées à quelque service : les ursulines tiennent des écoles de filles, les augustines de la Miséricorde de Jésus, l'Hôtel-Dieu de Montréal et celui de Québec, les sœurs de la Charité, l'Hôpital général de Québec, qui sert d'asile aux indigents, aux infirmes et aux malades mentaux. Et pourtant, les pratiques de dévotion sont au cœur de la vie de toutes ces femmes. Pour les sœurs de l'Hôpital général, une journée typique commence à 4 heures 30 par une heure de méditation avant la communion, suivie d'une période consacrée aux pensionnaires ; mais dès 7 heures 30, les reli-gieuses se rassemblent à la chapelle pour réciter tierce avant la messe de 8 heures. Ainsi passe le jour, les dévotions privées et collectives, sexte et none, ponctuant les soins aux infortunés. Tout cela est conforme aux vœux de chasteté, de pauvreté et d'obéissance que ces femmes ont prononcés après avoir entendu l'appel divin et décidé de consacrer leur vie à Dieu.

Il se trouve que leurs tâches médicales, éducatives et sociales sont une précieuse contribution pour la colonie, ce que l'État reconnaît et récompense par l'octroi annuel de subventions. De plus, les religieuses jouent un autre rôle, profane celui-là, grâce à leur choix irrévocable de se retirer des processus de reproduction économique et biologique. Un nombre disproportionné d'entre elles est issu de la noblesse et des familles riches, en partie parce que les parents trouvent souvent opportun d'exclure du jeu des héritages quelques-unes de leurs filles. L'autre motif qui explique cette polarisation de classe dans le recrutement des couvents vient de ce que chaque novice doit apporter une dot substantielle, un capital pourvoyant à son entretien, de sorte que la communauté ne soit pas à la charge de la société.

L'Europe patriarcale a toujours nourri une certaine inquiétude en ce qui a trait aux communautés de femmes qui vivaient en son sein. Coupées de la famille et soustraites à la puissance paternelle et maritale, elles forment des collectivités de femmes autonomes. Pour maîtriser ce défi potentiel aux normes régissant les relations hommes/femmes, mais également dans le but de protéger le trésor, si précieux mais si fragile, de leur chasteté, l'Église impose la clôture, le strict confinement des religieuses à l'intérieur des cloîtres de leurs couvents. Les femmes les plus idéalistes de la Contre-Réforme, comme Marguerite Bourgeoys de Montréal, rongent leur frein devant ces restrictions, car elles rêvent de plonger dans le monde pour y accomplir l'œuvre de Dieu, partout où on a besoin d'elles. Marguerite et les sœurs de la Congrégation de Notre-Dame rejettent toutes les contraintes des communautés religieuses ordinaires, y compris la dot et les vœux solennels et perpétuels. En éliminant la dot, la Congrégation peut recevoir des femmes pauvres, et l'absence de vœux irrévocables permet de s'assurer que seules demeureront dans le groupe celles qui sont fermement convaincues. Les sœurs accomplissent toutes sortes de tâches pieuses dans la région de Montréal ; elles assistent le clergé, secourent les affligés, instruisent les enfants. Cependant, elles ne sont pas les seules. Le nombre de communautés féminines comme celle de la Congrégation, qui œuvrent dans le monde en contestant les contraintes habituelles de la vie religieuse, est relativement élevé en Europe au XVIIe siècle. Par exemple, la communauté des Ursulines a vu le jour en Italie, sous forme d'organisation assez libre, avant d'être forcée de devenir un ordre traditionnel. Ce qui est propre à la Nouvelle-France, c'est que, en tant que société catholique fraîchement fondée, elle manifeste les plus récentes tendances de la Contre-Réforme sans que la présence de coutumes et d'institutions incarnées par une longue tradition n'y fasse contrepoids. Par conséquent, des restrictions telles que la clôture y sont moins rigidement observées. Pourtant, même au Canada, la hiérarchie (masculine) de l'Église poursuit ses efforts pour dominer les religieuses et, finalement, elle réussira à transformer la Congrégation de Notre-Dame elle-même en une communauté traditionnelle.

Les religieuses ne constituent sans doute qu'une fraction de la population de la colonie, mais la religion tient également une place importante dans la vie des femmes mariées, offrant des perspectives qui seraient autrement exclues des sphères féminines. Les confréries pieuses réunissent les laïcs pour des prières collectives, et plusieurs d'entre elles — entre autres la plus populaire, la Confrérie de la Sainte-Famille — deviennent exclusivement féminines. Ces confréries relèvent toujours de l'autorité de l'évêque et du curé, et le manuel remis à leurs membres ne manque pas d'insister sur le devoir de l'épouse chrétienne de se consacrer à sa famille et d'obéir à son mari. À certains égards, la Confrérie de la Sainte-Famille est une manifestation de la tendance de l'Église catholique, dans la foulée de la Contre-

Réforme, à traduire la vertu féminine uniquement en termes domestiques. Pourtant, la croyance selon laquelle ce qui est dû à Dieu prenne le pas sur le devoir envers les siens perdure. On raconte l'histoire de Marie Hallé qui abandonne chez elle trois enfants endormis de moins de quatre ans pendant qu'elle se rend à une réunion matinale de sa confrérie. De retour à la maison, elle les trouve éveillés, habillés, à l'attendre patiemment ; une mystérieuse dame tout de blanc vêtue (la Vierge Marie, évidemment) s'en est occupée. Là où les experts modernes du comportement maternel verraient un indéniable cas de négligence, l'Église du XVIIᵉ siècle voit la récompense miraculeuse d'une exceptionnelle piété. Décidément, le clergé catholique souffre d'ambivalence : d'un côté il prescrit aux femmes mariées de se restreindre à leurs devoirs de mère et de ménagère, de l'autre, il exalte des idéaux spirituels d'un tout autre ordre.

Que représente la Confrérie de la Sainte-Famille aux yeux de celles qui en font partie ? Difficile de se prononcer, mais il semble que, à côté de ses buts purement religieux, l'organisation fonctionne jusqu'à un certain point comme une société d'entraide. Citons la dotation charitable de Marie Leroy en faveur du chapitre de la ville de Québec de la Confrérie de la Sainte-Famille : « un matelas, un traversin, deux couvertures, deux paires de draps, six serviettes pour les prêter aux pauvres femmes qui accouchent, les priant de les retirer avec soin afin de les faire servir et d'en aider plusieurs ». Officiellement encadrée par le curé, mais administrée en grande partie par ses membres, cette confrérie semble traduire fidèlement la situation des femmes sous le régime patriarcal de l'époque.

De manière générale, les hommes gouvernent en Nouvelle-France comme ils le font dans la métropole. En dehors des enclaves iroquoises, où les femmes autochtones ont de lourdes responsabilités mais ne reconnaissent l'autorité de personne, le

patriarcat fondamental du début des Temps modernes y est pré-
pondérant. Le pouvoir masculin est profondément ancré dans
la culture européenne de la colonie, sans pour autant qu'on
puisse l'associer à la mainmise sur la propriété familiale typique
de la manière britannique. Il n'est pas non plus étroitement relié
au monopole exercé sur les professions et le revenu du soutien
de famille, comme il le deviendra plus tard. L'obéissance des
femmes au mari et au père est imposée de façon à la fois plus
diffuse et plus ouverte. Au Canada, comme dans tout le monde
européen de l'époque cependant, le principe fondamental du
patriarcat s'accompagne d'une grande complexité et d'une
grande diversité dans la réalité quotidienne des relations entre
les hommes et les femmes, de même que de nombreuses contra-
dictions. Des circonstances propres à la vie coloniale — une
répartition des tâches assez imprécise dans les fermes des pionniers, le nombre élevé de sœurs qui ne sont pas confinées au
cloître, etc. — jouent en faveur des femmes. Mais la Nouvelle-
France n'est certes pas une oasis de l'égalité des sexes.

Chapitre 5

Les Français et les autres

Des historiens se sont plu à souligner l'homogénéité de la population du Canada français : on y est français d'origine, croient-ils, et catholique ; la race est pure, et partout règne l'harmonie sociale. La Nouvelle-France est-elle une société homogène ? La chose ne semble telle que si l'on ferme les yeux sur la présence des Autochtones, des esclaves africains, des prisonniers anglo-américains, des protestants français et des autres minorités qui y vivent, ce que font précisément ces historiens nationalistes conservateurs. Il est certainement juste de dire que les Français catholiques prédominent dans la colonie, mais ils ne sont pas seuls ; et on ne saurait prétendre qu'ils ne soient pas touchés par ces groupes minoritaires. Dès que l'on tient compte de tous les gens qui ne sont ni catholiques, ni français, ni blancs, il saute aux yeux que la Nouvelle-France est en fait une société multiculturelle.

Les rapports entre Européens et Autochtones sont évidemment de la plus haute importance pour l'histoire du Canada colonial. On dit souvent que, parmi toutes les nations européennes qui ont colonisé les Amériques, les Français sont uniques pour ce qui est de l'aptitude à s'entendre avec les Premières Nations. Les Espagnols et les Portugais ont érigé leurs empires sur la conquête et la sujétion, soumettant les indigènes de l'Amérique centrale et de l'Amérique du Sud à diverses formes de servitude. Mais les sociétés plus librement organisées du Canada ne sont pas aussi faciles à conquérir que les civilisations amérindiennes du Mexique et du Pérou, et de toute façon les Français ne sont pas assez puissants pour imposer leur joug. Ainsi, il n'y a pas de tribut à payer en Nouvelle-France, pas de travail forcé, et l'esclavage ne touche que les lointains Panis. La colonisation britannique des futurs États-Unis est caractérisée par l'âpre conflit autour de la terre qui a entraîné le massacre des Amérindiens, leur marginalisation ou leur exil dans leur propre pays. Pareil conflit n'est pas totalement absent des rapports entre les Autochtones et les Français, mais il est moins important, tout simplement parce que la population canadienne-française est infime et concentrée dans une région où la présence amérindienne n'est pas très forte.

Si les Français infligent moins de dommages immédiats à l'Amérique autochtone que ne le font les Espagnols, les Anglais et les Portugais, ils sont aussi impérialistes que ces peuples, à leur façon. Ils n'hésitent pas à proclamer leur souveraineté sur une gigantesque portion de l'Amérique du Nord sans même faire semblant d'acheter ce territoire aux peuples indigènes. De plus, ils ont plutôt tendance à voir les Amérindiens comme une utile ressource. Ce que les Français du Canada voulaient de leurs hôtes n'était pas tant leurs territoires que leurs fourrures et, après les années 1680, leur appui militaire. De bons alliés militaires et de bons pourvoyeurs de fourrures ont besoin d'espace et d'autonomie, voilà pourquoi les Français ont intérêt à mettre au point une version plus subtile de colonialisme.

Les colons canadiens-français de la vallée du Saint-Laurent entrent en contact avec deux catégories d'Amérindiens fort différentes : les résidents permanents des missions chrétiennes situées au sein même de la colonie et les peuples lointains des

« pays d'en haut », cet immense territoire sur lequel le roi de France a des prétentions, mais que ses sujets n'ont jamais occupé réellement. Cette deuxième catégorie, qui comprend des peuples multiples, est rattachée aux Français, plus ou moins solidement, par des liens commerciaux et diplomatiques qu'il faut sans cesse renouer et par de fréquents voyages sur la route des canots qui parcourent les Grands Lacs et la rivière des Outaouais. Durant la seconde partie du XVIIe siècle principalement, chaque été ramène des centaines de Saulteux, d'Illinois, d'Outaouais et autres nations aux portes de Montréal. Ils viennent de la baie Géorgienne, du haut Mississippi, du lac Supérieur, ou d'encore plus loin. Outre l'aventure du voyage, leur but est de traiter avec les Européens et de raffermir leur alliance avec les Français. « Ils commencent à venir au mois de juin en grandes bandes, écrit Bacqueville de La Potherie. Les Chefs de chaque Nation vont d'abord saluer le Gouverneur, à qui ils font présent de quelques Pelleteries, & le prient en même temps de ne pas souffrir qu'on leur vende trop cher les marchandises [...]. Ils tiennent une Foire sur le bord du fleuve [...]. » Le gouverneur général vient habituellement de Québec pour l'occasion. Endossant le rôle d'Onontio, il distribue des présents à ses « enfants » et tente d'arbitrer les querelles qui menacent le système d'alliance.

La foire de Montréal a lieu sous une forme ou sous une autre jusqu'à la fin du régime français, mais le point de contact de la traite se déplace toujours plus loin à l'ouest, les voyageurs canadiens-français, les coureurs de bois, portant par canot leurs marchandises aux Autochtones de l'intérieur. Ces jeunes gens ont vite fait d'apprendre à manier le canot d'écorce et à parler les langues indigènes; ils ont des liaisons avec des Amérindiennes et adoptent de grands pans de la culture autochtone. Leur contact avec la vallée du Saint-Laurent est ténu, et pendant de longues années l'Église et l'État voient en eux de dangereux renégats. Mais leur situation à la frontière culturelle les rend fort précieux pour le gouvernement, surtout en temps de guerre, et les voyageurs ne sont jamais totalement proscrits. Au cours du XVIIIᵉ siècle, la traite des fourrures, autrefois chaotique, s'organise selon un modèle capitaliste et les voyageurs salariés (qu'on appelle aussi des « engagés », ce qui pourrait prêter à confusion, mais leur statut n'est en rien celui des travailleurs venus de France au siècle précédent) deviennent plus nombreux que les indépendants. Comme le coureur de bois, l'engagé adopte plusieurs éléments du mode de vie des Autochtones ; cependant, il reste un travailleur soumis aux ordres du patron.

Jeunes hommes volontairement plongés dans l'univers amérindien, les coureurs de bois et les engagés ont leur équivalent dans les autres populations qui colonisent le Nouveau Monde : les *bandeirantes* du Brésil, les *vaqueros* de l'Amérique espagnole et les *frontiersmen* des futurs États-Unis. Pourtant, ce genre de va-et-vient entre les cultures tout le long de la zone frontalière paraît avoir été plus répandu chez les Canadiens français. Les circonstances décrites plus haut ont certes fort à voir pour expliquer leur réussite en ce domaine (bien qu'elles n'expliquent pas tout : les Français se sont aussi fort bien entendus avec les Tupis du Brésil et les Caraïbes des Antilles). Cela dit, il est important de ne pas idéaliser ces rapports ni de fermer les yeux sur leurs aspects manipulateurs. Même Nicolas Perrot, ce coureur de bois qui semble parfois plus amérindien qu'européen après de nombreuses années passées aux pays d'en haut, parle souvent des Autochtones, non pas comme de partenaires égaux des Français, mais comme de subalternes indisciplinés avec lesquels il faut « savoir s'y prendre » de peur qu'ils « n'oublient leur devoir ».

Pendant que continuent les échanges entre le Canada français et les pays d'en haut indigènes, des communautés autoch-

tones vivent à longueur d'année au sein de la colonie laurentienne elle-même. Les plus importantes sont les deux bourgades
à prédominance iroquoise, Kahnawake et Oka (Kanesatake),
près de Montréal, de même que le village de Lorette, près de
Québec, surtout peuplé de Hurons. Désignée sous le nom
de « mission », chacune relève d'une communauté religieuse (le
plus souvent, les Jésuites). La version iroquoienne du christianisme constitue certes une part importante de l'identité de ces
communautés, ce qui ne veut pas dire qu'elles soient entièrement sous la coupe des prêtres. Les Autochtones des missions se
gouvernent eux-mêmes dans une large mesure ; économiquement indépendants et culturellement autonomes, ils offrent un
contraste frappant avec les peuples autochtones de l'Amérique
du Sud, alors sous la domination des missionnaires européens.
Pour ne citer qu'un exemple bien connu, les jésuites imposent
aux Guaranis du Paraguay le port de l'uniforme, le travail forcé
dans les champs de plantation et le fouet, châtiment de la déso-
béissance ou de la « paresse ». Les convertis du Canada, bien
qu'ils accordent beaucoup d'influence aux missionnaires européens, n'accepteraient jamais d'être traités de la sorte.

Les Agniers (ou Mohawks) de Kahnawake non seulement
rejettent la tyrannie du clergé, mais refusent explicitement de
reconnaître la souveraineté du roi de France. Leur conception
de la souveraineté est ethnique plutôt que territoriale, et s'ils
considèrent le gouverneur de la Nouvelle-France comme un
« père », ils ne se croient pas soumis au droit français, même s'ils
vivent au beau milieu de la colonie canadienne de Sa Majesté. Le
gouvernement colonial finit par accepter tacitement l'autonomie des Iroquois et abandonne l'idée de les traduire devant les
tribunaux criminels. Il ferme aussi les yeux sur le commerce
pratiqué avec les Anglais, qui devient de la « contrebande »
quand les Canadiens français s'y livrent. Cette capitulation de

l'État colonial est dictée surtout par la prudence militaire, car, au cours des guerres avec la Confédération iroquoise, et plus tard avec les Anglais, les Amérindiens des missions constituent le fer de lance de la défense de la Nouvelle-France.

Qu'en est-il des jésuites? Tolèrent-ils les façons des indigènes en vertu de quelque « relativisme culturel » libéral avant la lettre? Pas du tout. Même s'ils trouvent nombre de vertus dans les mœurs des « Sauvages » du Canada (courage, patience, générosité…), les jésuites ont tendance à voir dans la culture amérindienne ni plus ni moins qu'une insulte à la loi de Dieu, et cette attitude colore tous leurs récits. S'ils tolèrent, dans une certaine mesure, les mœurs autochtones, ils ne le font que parce qu'ils n'ont pas d'autre choix. Un missionnaire qui travaille sans succès dans l'Ouest exprime ainsi sa frustration : « Rien de plus difficile que la conversion de ces Sauvages; c'est un miracle de la miséricorde du Seigneur : il faut d'abord en faire des hommes, et travailler ensuite à en faire des Chrétiens. Comme ils sont maîtres absolus d'eux-mêmes, sans être assujettis à aucune Loi, l'indépendance dans laquelle ils vivent les asservit aux passions les plus brutales. » Si l'indépendance « asservit » les Sauvages païens, il faut croire que ce dont ils ont besoin, c'est d'être assujettis à la discipline des jésuites…

Pendant la première partie du XVIIe siècle, les jésuites français fraîchement débarqués essaient vraiment d'introduire un système de missions hautement disciplinées, délibérément modelées sur les *reducciones* du Paraguay. À Sillery, ils rassemblent quelques Montagnais et Algonquins plus vulnérables, déjà affaiblis par la guerre et la famine, et ils tentent de tout régenter, des activités de chasse jusqu'aux relations conjugales, le fouet et la prison étant toujours là pour châtier les pécheurs récalcitrants. Rien d'étonnant à ce que cette tentative échoue, les Amérindiens se tenant bien entendu à l'écart de ce genre de camp de concentration sanctifié. Finalement, les jésuites, astucieux et jamais à court d'idées, instaurent un régime moins sévère qui réussit beaucoup mieux dans le cadre canadien. Le contexte plus large des relations de pouvoir entre les Autochtones et les Européens les force à adopter cette approche plus conciliante. Leurs confrères d'Amérique du Sud peuvent se montrer beaucoup plus durs parce que les Amérindiens soumis à leur ministère y sont déjà victimes de l'oppression des conquérants blancs. Les Guaranis ne sont pas, de nature, plus dociles que les Iroquois, mais, s'ils n'acceptaient pas l'embrigadement dans la *reduccion* du Paraguay, ils ne pourraient pas se soustraire aux féroces esclavagistes et aux impitoyables *encomenderos*. Par contre, au Canada, à l'extérieur des missions, les Autochtones ne courent pas de tels risques. Comme l'État colonial, en Nouvelle-France, l'Église missionnaire doit mettre de l'eau dans son vin, sinon « leurs Sauvages » ont tôt fait de disparaître. Parce qu'il leur faut s'adapter aux mœurs amérindiennes pour maintenir leur influence, les jésuites canadiens deviennent — presque à leur corps défendant — de bons témoins des cultures autochtones. Certains, comme le père F.-J. Lafitau, en qui on a souvent salué un des pionniers de l'ethnographie comparée, décrivent les coutumes et les croyances indigènes avec finesse, et même bienveillance. Mais le contraste avec l'expérience latino-américaine nous laisse croire que cette ouverture d'esprit est le fruit d'un équilibre des pouvoirs bien particulier, et non pas celui d'une tournure d'esprit « libérale » préexistante chez les jésuites.

Les jésuites font de leur mieux pour limiter le libre contact entre leurs convertis et les colons français, et cette conduite sera pendant quelque temps une source de conflit avec le gouvernement colonial. Pendant les années 1660 et 1670, l'État français et ses représentants au Canada décrètent la nécessité de « franciser » les Amérindiens des missions, de réunir Amérindiens et colons afin qu'ils ne fassent « qu'un mesme peuple et un mesme sang ». Les Français épouseront des femmes autochtones, les familles blanches adopteront des enfants amérindiens, et tout cela renforcera la colonie canadienne. Les résultats sont décevants. Il y a bien des adoptions, mais pas toujours dans le sens voulu par les bureaucrates ; finalement, un plus grand nombre d'orphelins et de bâtards canadiens sont placés dans des familles autochtones que d'enfants amérindiens chez des parents français. Pour ce qui est du mariage, la langue et les coutumes élèvent des barrières qui concourent à tenir les deux races séparées. Il y eut certainement des mariages mixtes, mais la chose est beaucoup moins fréquente dans la colonie laurentienne que dans les pays d'en haut, où les coureurs de bois adoptent les mœurs autochtones et épousent des Amérindiennes. Pour de nombreuses et excellentes raisons, l'assimilation n'a pas lieu, mais un gouverneur comme le comte de Frontenac n'y voit que le refus entêté des jésuites de « civiliser les Sauvages ».

D'un certain point de vue, il s'agit d'un simple conflit entre l'idéologie et l'expérience impérialistes. L'idéologie répandue chez les explorateurs européens, les missionnaires récemment débarqués et les monarques qui les envoient, depuis l'époque de Christophe Colomb jusque bien après la chute de la Nouvelle-France, tient pour acquis que les « Sauvages » sont une espèce humaine culturellement déficiente qui devrait reconnaître la valeur évidente de la tutelle européenne. De l'assimilation et des mariages mixtes naîtrait, d'après cette idéologie, un peuple qui se conformerait naturellement aux normes européennes. Selon cette conception du monde, la sauvagerie est la négation de la civilisation ; les Amérindiens non « civilisés » n'ont pas une culture *différente,* ils n'ont tout simplement *pas* de culture. Ils n'ont pas de religion, rien qu'un salmigondis de fantasmes bizarres ; pas de gouvernement, pas d'autorité, pas de manières ; pas de langue véritable, seulement quelques sons gutturaux. Les convertir au christianisme et les assimiler à la société européenne (comme subalternes, évidemment) signifierait simplement combler un vide. Étant donné que, dans cette perspective monoculturelle, on ne peut accepter l'existence d'un genre de vie différent, cela ne peut aboutir qu'à la frustration, les Amérindiens ne jouant jamais, ne pouvant jamais jouer le rôle qui leur est assigné. En Amérique latine, cette frustration prend parfois des allures sadiques, les conquérants fustigeant « l'ingratitude » et « l'entêtement » des Amérindiens. Par contre, au Canada, la réaction est plus voilée, et une grande partie du ressentiment est dirigée contre les jésuites plutôt que contre les Amérindiens. De leur côté, les jésuites n'ont jamais vraiment écarté le modèle monoculturel, mais ils l'appliquent avec infiniment plus de finesse que les administrateurs coloniaux prisonniers de la théorie. Une longue expérience des missions leur a enseigné la réalité, la complexité et la ténacité de la culture amérindienne ; rien ne les a jamais convaincus pourtant que le mode de vie indigène soit autre chose que l'incarnation du mal.

Aujourd'hui, il est frappant de constater à quel point la notion de « race », au sens moderne du terme, occupe peu de place dans ces querelles. Si votre conception de l'impérialisme est axée sur le racisme biologique de la fin du XIXe siècle, qui évoque le « fardeau de l'homme blanc » et l'infériorité innée des « races de couleur », vous serez sans doute surpris d'apprendre que le régime colonial du XVIIe siècle favorise la rencontre des races. En fait, les Européens de cette époque n'attachent pas une importance primordiale à la couleur de la peau et aux autres signes visibles de la différence des races. Pas plus d'ailleurs qu'ils ne croient qu'une portion de l'humanité naît pourvue de capacités plus grandes que celles des autres. Ils considèrent que les peuples sont potentiellement égaux, mais que tous ne vivent pas selon les mêmes règles : des gens se soustraient à la loi divine, d'autres refusent de vivre d'une manière « civilisée ».

La querelle qui oppose le projet « assimilateur » de l'État aux tendances « ségrégationnistes » des jésuites tombe en désuétude au cours de la décennie 1680. La raison en est simple : la guerre, d'abord avec la Ligue des Iroquois « infidèles », ensuite avec les Anglais. À compter de ce moment, le gouvernement apprécie chez les Amérindiens des missions d'abord et avant tout leurs qualités guerrières, et il n'est plus question dès lors de les incorporer dans la population des colons. Les jésuites font la preuve de leur fidélité au roi en encourageant l'effort de guerre amérindien et, d'une manière générale, missionnaires et gouverneurs poursuivent leurs buts dans l'harmonie.

Dès lors, les inquiétudes du gouvernement au sujet de l'assimilation se tournent plutôt vers les Canadiens français. En fait, quelques Européens, prisonniers de guerre ou autres, se fondent complètement dans les sociétés autochtones. Plus nombreux sont ceux qui, comme les coureurs de bois, fréquentent l'Ouest profond et adoptent une identité quasi indigène. La société canadienne-française assimile elle aussi des éléments de la culture amérindienne, ce que ne manque pas de souligner Pehr Kalm :

> J'ai d'ailleurs remarqué que les Français canadiens de condition modeste ont assez souvent adopté la mode et les coutumes des Sauvages d'Amérique, par exemple, en ce qui concerne les pipes, les chaussures, les bandes molletières, les ceintures, la façon de courir en forêt, les méthodes de guerre, la façon de mélanger d'autres produits au tabac, les bateaux en écorce, la façon d'entortiller un carré d'étoffe ou de toile autour de la jambe en place de bas, la façon de manœuvrer une barque à l'aviron et d'autres choses de ce genre.

Ce voyageur de l'été aurait encore pu mentionner les raquettes, de même que les herbes médicinales et les techniques thérapeutiques qui se sont introduites dans la médecine des colons.

Ces contributions importantes de la culture indigène au mode de vie de la colonie naissante sont généralement passées sous silence ou sous-évaluées par l'élite française, qui, par contre, se préoccupe d'un élément d'influence de cette culture qui, à son sens, est beaucoup plus néfaste aux Canadiens : la liberté. J.-R. Brisay de Denonville, gouverneur de la Nouvelle-France, l'exprime ainsi : « Je ne sçaurais, Monseigneur assez vous exprimer l'atrait que tous les jeunes gens ont pour cette vie de sauvages qui est de ne rien faire, de ne se contraindre pour rien, de suivre tous ses mouvements et de se mettre hors de la correction. » Charlevoix fait ici allusion aux coureurs de bois, mais il a en tête l'influence indigène plus diffuse, dont lui et d'autres commentateurs pensent qu'elle ronge la relation d'autorité et de subordination d'une manière plus large. La proximité des « Sauvages » — quand elle s'ajoute aux conséquences de la vie sur une terre elle-même âpre et sauvage — expliquerait pourquoi les parents canadiens sont trop indulgents, les enfants trop indépendants, les femmes trop dominatrices, les ouvriers trop exigeants. Dans l'univers moral de Charlevoix, la sauvagerie, c'est-à-dire essentiellement l'absence de contrainte, est dangereusement contagieuse et menace constamment de miner la civilisation. Les historiens sont parfois trop pressés d'accepter de telles assertions comme une description exacte des effets de la société autochtone sur les colons canadiens-français, alors qu'en réalité il n'en est rien. Il est bien possible que les colons aient pris quelques leçons de liberté au contact de leurs voisins amérindiens, mais nous avons vu dans les chapitres précédents qu'ils ont bien d'autres raisons — reliées, par exemple, à l'abondance des terres — de faire preuve d'un comportement quelque peu différent de celui des Européens. Charlevoix et d'autres auteurs de sa catégorie utilisent des expressions comme « le mode de vie sauvage » pour exprimer leurs inquiétudes à propos de l'ordre et de l'autorité, et de la difficulté de les préserver dans un cadre colonial. Même l'esclavage, cette subordination extrême, que nous allons étudier maintenant, ne constitue pas une garantie contre le désordre.

Nous sommes à Montréal, en 1734. Deux terribles incendies éclatent cette année-là, bien que l'on ne déplore qu'une seule perte de vie, et mettent en lumière la difficile question des rapports raciaux sous le régime français. Le premier se déclare le soir du 10 avril, quand une esclave noire nommée Marie-Joseph-Angélique met délibérément le feu à la maison de sa maîtresse, située au bord du fleuve. Un fort vent d'ouest propage l'incendie et, en moins de trois heures, 46 maisons sont détruites, bien qu'il ne semble pas y avoir de blessés graves. Quelques mois auparavant, Angélique s'est enfuie en compagnie d'un domestique canadien-français travaillant pour la même famille, Claude Thibault, peut-être son amant. Cette fugue dure deux semaines, mais le couple ne réussit pas à atteindre la Nouvelle-Angleterre et est capturé par les autorités. Thibault est incarcéré pendant quelque temps, mais Angélique est simplement rendue à sa propriétaire. Elle ne s'entend pas avec sa maîtresse, madame de Francheville, qui souvent la gronde et la « maltraite » (elle la bat). Son principal grief concerne la présence chez les Francheville d'une autre servante ; Angélique éprouve une aversion profonde pour cette Blanche et elle insiste auprès de sa maîtresse pour qu'elle la renvoie. Madame de Francheville finit par céder. Mais l'esclave et sa maîtresse continuent de se quereller et, après sa tentative d'évasion, on décide de vendre Angélique à un planteur des Antilles dès l'ouverture de la navigation au printemps. C'est cette terrifiante perspective qui transforme l'esclave en incendiaire dans un geste désespéré de vengeance préventive.

Angélique est arrêtée le lendemain matin, dans la cour de l'hôpital dévasté où elle s'était endormie, et bientôt commence son procès. Ce qui reste de la transcription des témoignages démontre clairement que, pour le tribunal, son crime est le fait d'une domestique acariâtre qui s'irrite pour des peccadilles. Les juges écartent le témoignage de ceux qui racontent qu'Angélique se répandait en injures envers les Français, rêvait de retourner dans son pays natal (le Portugal ou l'Afrique portugaise) et menaçait de tuer sa maîtresse si elle ne lui donnait pas son « congé », ce document qui affranchit du service les soldats et les engagés. Le domestique à contrat peut espérer son congé, pas l'esclave. Bien que la colère d'Angélique ait trait, apparemment, à des difficultés de relations interpersonnelles, l'esclavage lui-même est au fond ce qui nourrit cette colère.

Nul ne sait exactement combien il y a alors d'esclaves au Canada ; probablement plusieurs centaines à Montréal, le centre principal de l'esclavage dans la colonie. Comme Angélique, presque tous les esclaves sont des domestiques. L'esclavage est au cœur même de la colonisation européenne des Amériques, et les colons blancs considèrent cette institution comme parfaitement normale, même si la taille réduite de l'économie de la Nouvelle-France ne permet qu'un nombre limité d'esclaves. Aucune cargaison de cheptel humain n'a jamais été importée directement d'Afrique, mais des esclaves d'origine africaine pénètrent en petit nombre au Canada, qu'il s'agisse de trophées de guerre ou d'individus achetés aux Antilles et dans les colonies britanniques. Plus nombreux sont ceux qu'on appelle les « panis », des Autochtones (principalement du peuple des Panis) achetés dans l'Ouest. Leur présence dans le Montréal du XVIIIe siècle atteste l'existence d'échanges économiques entre la ville et les établissements français du Mississippi. Une « panise » nommée Marie travaille chez les voisins de madame de Francheville, et Marie et Angélique semblent avoir été de bonnes amies, se visitant constamment d'une cuisine à l'autre pour emprunter un poisson ou échanger une plaisanterie.

Les témoignages au procès d'Angélique sont très révélateurs des conditions de l'esclavage au Canada. Cette fenêtre exceptionnelle nous permet d'observer Angélique qui surveille les jeux des enfants du voisinage, se promène en ville à la recherche de pissenlits pour la salade, badine avec une sentinelle, s'amuse avec Marie. Il est clair qu'elle jouit d'une grande autonomie dans l'accomplissement de ses tâches quotidiennes. Sa vie n'en est pas moins difficile. Elle n'a pas de chambre et dort sur une paillasse à même le sol, sa nourriture est élémentaire, et il lui faut subir la dure discipline de sa maîtresse, mais les domestiques blancs avec qui elle vit ne semblent pas jouir de meilleures conditions. Les images de l'esclavage tirées de l'histoire du Sud des États-Unis au XIXe siècle sont inutiles pour nous aider à comprendre cette forme antérieure de servitude. En Nouvelle-France, on ne trouve pas la dichotomie fondamentale entre, d'une part, libre et Blanc, et, d'autre part, esclave et Noir. Au contraire, il existe des degrés et des nuances dans l'absence de liberté; de nombreux Français (domestiques, engagés, apprentis, soldats) vivent sous la coupe d'un maître tout comme l'esclave. À l'intérieur de cette couche sociale, les barrières de race et de statut juridique sont fort minces. Ainsi, d'étroites relations — faites d'amour, de haine et d'amitié — sont parfaitement possibles entre Angélique et les Blancs qui l'entourent.

Cela signifie-t-il pour autant que l'esclavage canadien soit bénin ou, comme le soutient un historien, « familial »? Non, car la famille dont l'esclave est un membre marginal n'est jamais sa vraie famille. Les esclaves du Nord échappent sans doute à la violence du travail forcé dans les plantations, mais ils sont privés de ces occasions mêmes limitées qu'ont les esclaves des colonies tropicales de goûter aux joies de la vie sexuelle, de la famille et des enfants. L'esclavage entraîne aussi une perte d'identité plus grave que celle qui est infligée aux subalternes blancs. Marie-Joseph-Angélique et son amie Marie n'ont pas de patronyme ; sur les registres, elles sont simplement « la négresse » et « la panise ». Il semble que Marie ait su signer son nom, ce dont presque tous ses contemporains libres de la colonie étaient incapables, mais, triste ironie caractéristique de cette époque, elle hésite d'abord à apposer sa signature sur les documents, croyant qu'elle doit écrire le nom de son maître ; après tout, elle a appris à ne se voir elle-même que comme « la panise du sieur Bérey ».

Deux mois après le grand incendie de 1734, Angélique est condamnée à mort. Le Conseil souverain — le tribunal de dernière instance de la colonie — est persuadé qu'elle a bel et bien mis le feu à la maison de madame de Francheville, mais il est tout aussi certain qu'une simple « négresse » n'a pas pu commettre un acte aussi audacieux de son propre chef. En conséquence on lui applique la « question extraordinaire », c'est-à-dire qu'on l'interroge sous la torture, dans l'espoir qu'elle dénoncera Claude Thibault. Mais, déception : Angélique résiste à la douleur et se tait. Cette épreuve une fois subie, on décide d'atténuer sa condamnation à être brûlée vive, et un bourreau clément la pendra avant de livrer son cadavre aux flammes.

Dans l'esclavage au Canada, les rapports sont complexes, parfois même bienveillants, mais ils restent fondés sur une brutalité sous-jacente qui refait surface dans l'histoire d'Angélique. Une autre forme de brutalité, celle de la guerre, amène en Nouvelle-France des centaines de captifs des colonies anglaises, civils et militaires. Cette autre forme d'esclavage constitue une présence importante pendant les conflits du début du XVIIIe siècle, de même qu'au cours des années 1740 et 1750. Pendant les sombres jours de la guerre de Sept Ans, les prisonniers de guerre britanniques et anglo-américains sont entassés dans les prisons infectes de Québec ou loués à des particuliers et mis au travail dans la ville et aux champs, jusqu'à ce qu'un échange de prisonniers leur permette, s'ils ont de la chance, de revoir leur pays.

Plus poignante est l'histoire des captifs civils — hommes, femmes, enfants — enlevés aux frontières de la Nouvelle-Angleterre à l'occasion de soudaines incursions à partir du Canada. La plupart de ces expéditions sont le fait de miliciens canadiens-français, de soldats des troupes de la marine et d'Amérindiens des missions, ces derniers formant généralement le gros de la troupe. Pour les Amérindiens, faire des prisonniers, c'est l'essence de la guerre. Les captifs qui survivent à la marche épuisante vers le Nord sont généralement mis à rançon et finissent par retourner chez eux, souvent beaucoup plus tard. Quelquefois, à l'arrivée, les officiers français rachètent leurs prisonniers à leurs alliés indigènes et les gardent dans la colonie jusqu'au remboursement de leur rançon. Bien des Canadiens, horrifiés du sort des civils capturés, font de grands sacrifices pour les sauver, mais comme le gouvernement soutient ces raids, ce geste humanitaire encourage les Autochtones à ne voir dans les colons anglais que du butin doté d'une grande valeur d'échange. Néanmoins, bien des captifs finissent par vivre dans les communautés iroquoises et abénaquises. En général, les Amérindiens christianisés ne tuent ni ne maltraitent leurs prisonniers, mais ils leur imposent parfois de durs travaux. À défaut de rançon, ces prisonniers sont d'habitude intégrés dans le système de parenté de leurs ravisseurs.

Bien que la plupart des captifs retrouvent finalement leur foyer, plusieurs, particulièrement parmi les jeunes, choisissent de demeurer au Canada. Eunice Williams, immortalisée par l'historien John Demos, est la fille du pasteur puritain de Deer-field, au Massachusetts. Enlevée en 1703, à l'âge de neuf ans, elle grandit à Kahnawake et désespérera son pauvre père, en se convertissant d'abord au catholicisme, en épousant ensuite un Agnier « sauvage » et en refusant de rentrer en Nouvelle-Angle-terre. Il y eut plusieurs cas semblables. En général, il s'agit d'en-fants et, d'habitude, c'est le mariage ou la conversion qui sépare définitivement le captif de son pays d'origine. Certains sont assi-milés par les Canadiens français plutôt que par les Autochtones. Ceux qui sont confiés aux soins des religieuses trouvent souvent irrésistible leur mélange de bonté et de prosélytisme par lequel elles cherchent à leur faire abjurer l'hérésie. Certaines filles des colonies anglaises entrent même en religion. C'est le cas d'Esther Wheelwright, de Wells, dans le Maine, qui finira ses jours supé-rieure des ursulines de Québec.

Mais les Anglo-Américains ne sont pas les seuls protes-tants sur lesquels les religieuses déversent sourires, prières, exhortations, en plus de leur offrir leur fameuse potion à laquelle elles auraient ajouté en secret des fragments d'os de saints broyés. S'il leur arrive de tomber malades à Québec, soldats ou marins huguenots de France s'aperçoivent vite que ce traitement fait partie du régime de l'hôpital. Bien sûr, au-cun protestant n'est censé résider en Nouvelle-France, mais à vrai dire ils n'ont jamais été totalement absents de la colonie. Les échanges commerciaux sont intenses entre Québec et La Rochelle, ce port qui fut longtemps une place forte des pro-testants, et bien des marchands de la basse ville de Québec sont huguenots, proches parents de ceux de La Rochelle. Parce que leur rôle dans le commerce colonial est essentiel, le gou-vernement les tolère pourvu qu'ils ne pratiquent pas ou-vertement leur culte. Après 1685, quand Louis XIV déclare la guerre à l'hérésie, la vie se complique pour la minorité religieuse de la Nouvelle-France, mais, s'efforçant de passer inaperçue, elle trouve moyen de rester en place tant bien que mal jusqu'à la fin du régime français.

« Multiculturel », voilà le terme moderne qui décrit le mieux un élément fondamental du Canada des premiers temps. La prépondérance catholique et française est indubitable ; l'État des Bourbons ne reconnaît à la colonie qu'une seule et unique identité culturelle. La présence des protestants n'est que temporaire, ce sont des prisonniers qui attendent d'être rapatriés ou des hommes d'affaires qui font escale. De ce même point de vue, les Amérindiens habitent des espèces de limbes : leur humanité n'est pas complète puisqu'ils ne sont pas encore fondus dans la culture chrétienne de l'Europe, absorbés et digérés par elle. Quant aux esclaves noirs ou indigènes en Nouvelle-France, ils ne sont pas des membres de la société, car en théorie ce sont des biens meubles. Il est important de reconnaître cette conception dominante de l'époque, mais il n'est pas nécessaire de la perpétuer dans nos études rétrospectives de la société sous le régime français. Même si ceux qui donnent le ton, les gouverneurs et les chroniqueurs des XVIIe et XVIIIe siècles, ont refusé de reconnaître l'identité distincte des minorités culturelles, celles-ci existent. La présence réelle et continue en Nouvelle-France d'éléments non catholiques et non blancs forme une part indispensable et influente de la société coloniale.

Chapitre 6

Au-delà du Canada proprement dit

Après ce regard sur la société coloniale qui occupe la vallée du Saint-Laurent, le « Canada » dans son sens ancien et restreint, voyons un peu cette Nouvelle-France qui s'étend au-delà : les quelques établissements français éparpillés sur la moitié d'un continent. Les colonies maritimes de l'Atlantique sont les plus anciennes. La pêche à la morue, pratiquée depuis des siècles par les Français, favorise la naissance d'abord de l'Acadie, puis de l'île Royale, colonies qui montent la garde à l'entrée du golfe du Saint-Laurent. Pendant la seconde partie du XVIIe siècle, tandis que le Canada s'étend vers l'intérieur du continent, les commerçants en fourrures et les missionnaires s'établissent dans la région des Grands Lacs. Enfin, la vallée du Mississippi et le golfe du Mexique sont colonisés à leur tour avec la fondation de la Louisiane vers 1700.

L'Acadie naît au XVIIe siècle au pays des Micmacs, qui comprend tout le territoire actuel de la Nouvelle-Écosse, du Nouveau-Brunswick et de la Gaspésie. Déjà, quand s'installent les Français, en 1604, les Micmacs ont depuis près d'un siècle des contacts réguliers avec des Européens de toutes nations, des pêcheurs surtout, mais également, des chercheurs de fourrures. En 1611, un missionnaire jésuite estime que la population des Micmacs est d'environ 3 000 à 3 500 âmes, ce qui est de beaucoup inférieur aux chiffres des générations antérieures. « Ils s'estonnent, dit le père Pierre Biard, & se plaignent souvent de ce que dès que les François hantent et ont commerce avec eux, ils se meurent fort, & se dépeuplent. Car ils asseurent qu'avant ceste hantise, & fréquentation, toutes leurs terres estoyent fort populeuses, & historient par ordre coste par coste, qu'à mesure qu'ils ont commencé à traffiquer avecques nous, ils ont plus esté ravagez de maladies. » Les Micmacs n'en accueillent pas moins les Français et déploient de grands efforts pour aider les colons de Port-Royal de mille et une façons.

Les Micmacs sont des Algonquiens qui tirent leur subsistance de la pêche, de la chasse et de la cueillette. Les largesses de la mer et de la terre sont saisonnières, c'est pourquoi il arrive souvent qu'ils empilent leurs possessions dans leurs canots d'écorce de bouleau et déménagent. Le père Pierre Biard explique que « dès le mois de Mai iusques à la mi-Septembre, ils sont hors de tout esmoy pour leur vivre : car les mourues sont à la coste, toute sorte de poisson & de coquillage. » En septembre, plusieurs bandes remontent les rivières vers l'intérieur du pays pour pêcher l'anguille. De plus petits groupes se forment à la fin de l'automne et en hiver pour chasser l'original, le castor ou le caribou. L'été, la plupart des Micmacs reviennent sur les côtes. Pour beaucoup d'Européens, des « nomades errants » tels que les Micmacs illustrent l'instabilité caractéristique des « Sauvages », mais en réalité, leurs déplacements ont un but précis ; ils font partie d'une stratégie très complexe qui leur permet de trouver les denrées et autres nécessités de la vie là où elles sont, au fil des saisons. Alors que, depuis longtemps, tous les efforts des Européens tendent à dompter la nature pour la forcer à donner la subsistance de toute une année en un seul lieu, les Micmacs et les autres sociétés similaires ont recours à des techniques fondées sur la mobilité et l'adaptation. Leurs canots, leurs raquettes et leurs toboggans font l'émerveillement des Français. Pierre Biard est frappé par la rapidité avec laquelle ils se déplacent : « Une grande partie desdits Sauvages estoient de Gachepé, qui est le commencement de la grande rivière de Canada [le Saint-Laurent], et nous dirent que de leur demeure, ils venoient là en six jours, dont je fus fort étonné, veu la distance qu'il y a par mer ; mais ils abbregent fort leurs chemins, et font des grands voyages par le moyen des lacs et rivières, au bout desquelles quand ils sont parvenus, en portant leurs canots trois ou quatre lieues ils gaignent d'autres rivières qui ont un contraire cours. »

Entourée de Micmacs, une société de colons français prend pied au XVIIe siècle et met au point un mode de vie unique, totalement distinct de celui du Canada. Très peu nombreux, les Acadiens se taillent des communautés agricoles dans des hameaux isolés tout autour de la baie Française, qui prendra plus tard le nom de baie de Fundy. Même s'ils finissent par dépasser en nombre les Autochtones, ces colons entretiennent généralement de bonnes relations avec ceux-ci, en grande partie parce qu'ils empiètent fort peu sur leurs réserves de nourriture. Pour les Micmacs, la pression du Nord de la Nouvelle-Angleterre est beaucoup plus menaçante et, pendant presque toute la première moitié du XVIIIe siècle, ils sont engagés dans une lutte implacable contre les Anglais. Souvent, des Acadiens sont leurs compagnons d'armes.

La guerre et la concurrence impérialiste forgent le destin des Micmacs et des Acadiens dans ses aspects essentiels. À bien des égards, l'Acadie, ce coin perdu, prend une importance stratégique quand la France et l'Angleterre en viennent aux coups, car si l'Angleterre y voit un avant-poste nordique de la Nouvelle-Angleterre, pour la France, elle constitue le rempart oriental du Canada. Son long littoral découvert rend l'Acadie vulnérable aux incursions et aux invasions par mer ; en effet, au XVIIe siècle, son histoire est ponctuée d'intermèdes pendant lesquels l'Angleterre s'empare de la colonie. En 1713, l'Acadie est cédée à la Grande-Bretagne et reçoit le nom de Nouvelle-Écosse. Pourtant, la population est toujours composée des mêmes colons acadiens francophones, population qui entretient avec la couronne d'Angleterre des rapports difficiles. En 1755, dans une phase particulièrement tendue de la guerre de Sept Ans, les Anglais décident que les Acadiens constituent une menace et ils ordonnent leur déportation en masse. Le « Grand Dérangement » qui s'ensuit, ce cataclysme qui est au cœur de l'histoire acadienne et de la conscience populaire, disperse les gens « comme feuilles par les bourrasques de l'automne » et les jette au hasard des havres dans tous les ports du littoral des treize colonies britanniques. Cela n'est pourtant que le début d'une longue odyssée au cours de laquelle les survivants se dirigeront, après être passés par la France, le Canada et les Antilles, vers de nouveaux foyers en Louisiane, en Nouvelle-Écosse, au Nouveau-Brunswick, au Québec et vers tant d'autres refuges.

L'âge d'or des Acadiens dure de 1670 environ jusqu'à la Déportation et, pendant cette période, ils prospèrent et se multiplient. De quelques centaines d'immigrants au départ, la population blanche croît encore plus vite que celle du Canada. Dès 1710, il y a près de 2 000 Acadiens et, cinquante ans plus tard, ils seront environ 10 000. Au dire de tous, ils ont un accès assuré à une alimentation abondante ; de plus, éloignés les uns des autres dans leur habitat rural, ils échappent aux épidémies et jouissent d'une santé remarquable. À la fin du XVIIe siècle, les colons de Port-Royal, premier établissement situé à l'embouchure de la rivière du Port-Royal (Annapolis), ont essaimé à Beaubassin et dans le bassin des Mines, au fond de la baie Française. Bien qu'elles trafiquent avec les Micmacs, les Anglo-

Américains et les Français, ces petites communautés ont tendance à se replier sur elles-mêmes. Dans chaque village, les femmes épousent les hommes du même lieu, de sorte que, dans la paroisse de Grand-Pré, entre 1727 et 1755, 40 pour 100 des mariages requièrent une dispense de consanguinité (c'est-à-dire la permission d'épouser un parent auquel on est lié à un degré faisant l'objet d'une prohibition).

S'ils ne s'éloignent jamais de la mer, les Acadiens pratiquent peu la pêche. Ils tirent plutôt leur subsistance de l'agriculture. Ils créent leurs champs non pas en abattant les forêts, mais en drainant les marais riches en alluvions tout autour de la baie Française. Le sieur de Dièreville, qui a résidé quelque temps dans la colonie (1699-1700), décrit le caractère unique de la culture acadienne :

> Il faut pour avoir des Bleds dessecher les Marais que la Mer en pleine marée inonde de ses eaux, & qu'ils appellent les Terres Basses ; celles-là sont assez bonnes, mais quel travail pour les mettre en état d'être cultivées ? On n'arrête pas le cours de la Mer aisément ; cependant les Acadiens en viennent à bout par de puissantes Digues […] ils plantent cinq ou six rangs de gros arbres tous entiers aux endroits par où la Mer entre dans les Marais, & entre chaque rang ils couchent d'autres arbres le long les uns des autres et garnissent tous les vides si bien avec de la terre glaise bien battue, que l'eau n'y sçauroit plus passer […] Un travail de cette nature qu'on ne fait qu'en certains temps que la Mer n'est pas si haut, coûte beaucoup à faire, & demande bien des journées ; mais la moisson abondante qu'on en retire dès la seconde année, après que l'eau du Ciel a lavé ces terres, dédommage des frais qu'on a faits. Comme elles appartiennent à plusieurs, ils y travaillent de concert […].

L'entretien des digues est une rude besogne, mais la fertilité du sol est merveilleuse. En plus de la culture du blé, les Acadiens font de l'élevage, d'abord pour eux-mêmes puis, après 1720, en vue de l'exportation. « Ils ont en abondance toutes sortes de légumes, s'exclame Dièreville, & tous excellents. Il y a des champs couverts de Choux pommez & de Navets […] & on en fait de plantureuses soupes avec de grosses pièces de lard. » Le visiteur savoure le gibier de la baie Française, son sirop d'érable, ses fruits variés, sauvages et cultivés ; ce Normand, fin connaisseur, chante même les louanges des pommes de la colonie.

En Acadie, la taille est inconnue et la dîme n'est perçue que par intermittence. En théorie, la colonie est soumise à la tenure, mais les redevances sont rarement exigées et le système seigneurial y est lettre morte. On n'y trouve pas de véritables villes, seulement quelques boutiques et maisons regroupées autour du fort de Port-Royal. À la différence de ce qui se passe au Canada, l'Église et l'État y sont des institutions faibles, et la noblesse n'y joue aucun rôle important. En dehors de Port-Royal, les colons mènent leur vie communautaire comme bon leur semble, élisant de temps à autre un syndic pour négocier avec le commandant britannique, réglant les disputes par l'arbitrage (ces phénomèmes sont mal connus parce que la faiblesse de l'État et les ravages de la Déportation nous ont privés de sources). Exaspéré par ce qu'il perçoit comme des tendances « républicaines » chez les délégués acadiens, qui hésitent à prêter un serment d'allégeance inconditionnelle au roi d'Angleterre, le gouverneur Edward Cornwallis les réprimande sévèrement : « Il me semble que vous vous croyiez libres de tout gouvernement ».

Il est facile d'idéaliser l'Acadie d'avant la Déportation et d'en faire un véritable paradis terrestre. Un certain nombre d'écrivains, à commencer par Henry Wadsworth Longfellow, l'ont effectivement dépeinte comme un pays enchanté, peuplé de campagnards heureux et vertueux, soudain dévasté par la foudre impérialiste. Sans réduire l'Acadie à cette image d'Épinal, il est vrai que cette colonie ressemblait à un éden rustique. Les paysans indépendants pouvaient y vivre simplement mais bien, sans craindre ni la famine ni les épidémies ; aucune nécessité de travailler pour autrui ; pas d'exactions qui serviraient à faire vivre les seigneurs, les prêtres ou les percepteurs d'impôt. Étant donné l'absence de toute autre classe sociale, être Acadien, c'est être paysan dans un contexte qui, en comparaison de celui de l'Europe agraire, devait apparaître comme un Walhalla champêtre.

Après la cession de l'Acadie à l'Angleterre en 1713, la France occupe l'île du Cap-Breton, qui devient son nouvel avant-poste dans cette région d'une importance capitale d'un point de vue à la fois stratégique et économique. Rebaptisant l'île du nom d'île Royale, les Français y implantent rapidement une colonie vouée à la pêche à la morue et au trafic maritime. Les bandes micmaques continuent d'occuper la plus grande partie de l'île, mais très vite de petits villages de pêcheurs jonchent la côte est, tandis qu'en leur centre s'élève la forteresse massive de Louisbourg. Le gouvernement de Louis XV y consacre des millions, en faisant une des rares villes réellement fortifiées de l'Amérique du Nord coloniale, un centre militaire et naval de première importance, dont le caractère est dicté par le conflit impérial grandissant qui oppose la France et l'Angleterre. Son important système de défense n'empêche pas la forteresse de succomber à l'invasion d'une armée venue de la Nouvelle-Angleterre, en 1745. La diplomatie obtient le retour de l'île Royale à la France en 1749, mais dès 1758 les Anglais assiègent de nouveau Louisbourg et s'emparent de la colonie avant de s'en prendre au Canada. Pendant les quarante ans que dure le régime français, l'île Royale est une colonie exceptionnellement urbaine ; 50 pour 100 de la population est concentrée à Louisbourg, dont on peut dire qu'il est, en fait, l'île Royale.

La ville domine la colonie, tandis qu'à bien des points de vue les militaires dominent la ville. Les ingénieurs de l'armement tracent les plans de la ville et de son port. La construction, l'entretien et la réfection des remparts tout autour du périmètre, des casernes et des batteries constituent un chantier majeur pendant presque toute la durée du régime français. Les troupes de la marine, qui forment une partie de la population beaucoup plus importante à Louisbourg qu'à Québec ou à Montréal, fournissent le gros de la main-d'œuvre. Pendant des années, jour après jour, trempés de sueur, les soldats peinent à charroyer la terre et à extraire la pierre des carrières. Il s'agit d'un travail de forçats qui leur donne droit à une solde plus élevée, mais ce sont les officiers qui distribuent la solde et ceux-ci trouvent toujours quelque prétexte pour empocher la part du lion des gains des soldats. Comme à Louisbourg, contrairement à ce qui se passe au Canada, les soldats travaillent en groupe et logent dans des casernes, ils sont donc plus sujets à exprimer collectivement leurs griefs. Des grèves et des protestations — des « émeutes » pour les autorités — éclatent périodiquement. Pendant l'hiver 1744-1745, ces tensions de longue date culminent en une véritable mutinerie. Les troupes s'emparent de la ville et, sous la menace du fusil, exigent des officiers, du gouvernement et des marchands la compensation de toutes les exactions passées.

Si la guerre et sa préparation modèlent le destin de Louisbourg, l'île Royale vit de la mer. Bien davantage qu'au Canada, l'économie de la colonie dépend d'un seul produit : l'île se spécialise dans l'exploitation et la transformation d'une seule ressource naturelle pour la vente outre-mer. Les cargaisons de morue sèche quittent l'île Royale surtout pour la France, mais de plus en plus souvent, au fil des ans, pour les Antilles. Quelle que

soit l'année, la valeur des pêcheries éclipse celle de toutes les fourrures exportées par la colonie laurentienne. Non seulement elles
sont productives et lucratives, mais elles sont, en pratique, la
seule industrie et le seul employeur de la vaste majorité de la population civile de l'île. Activité principale des autres sociétés coloniales de l'Amérique du Nord, l'agriculture y est minimale, à
cause du sol rocailleux et du rude climat de l'Est de l'île. L'échec
de la mise en valeur des terres fertiles de l'île Saint-Jean (île du
Prince-Édouard), pourtant à l'origine destinée à être l'annexe
agricole de l'île Royale, ne fait que souligner l'hégémonie des pêcheries. L'absence d'un secteur agricole viable affecte naturellement l'économie de la colonie, forcée d'importer les denrées alimentaires, de même que toutes sortes d'autres provisions, mais
en outre elle empêche l'émergence d'une paysannerie autosuffisante et d'une classe de propriétaires fonciers. Ainsi, c'est l'économie spécialisée des pêcheries qui structure la société coloniale.

Capturer, vider et conserver la morue est un métier dur et
périlleux à cause du caractère ombrageux de l'Atlantique. Cela
requiert aussi beaucoup d'habileté, surtout pour saler et sécher
le poisson. Au XVIIIe siècle, les habitants-pêcheurs de l'île Royale
s'appuient sur les coutumes et les techniques mises au point par
les équipages des navires européens qui fréquentent ces parages
depuis au moins deux cents ans. Des bateaux français viennent
encore à l'île du Cap-Breton au XVIIIe siècle, mais les pêcheurs
coloniaux ont sur eux l'avantage d'un établissement permanent sur la grève et la possibilité de pêcher presque à longueur
d'année. Ordinairement, un maître de grave possède un quai et
la plage adjacente; il engage trois ou quatre hommes pour l'aider : deux d'entre eux mettent la chaloupe à la mer pour une
journée de pêche, pendant que les autres travaillent sur la grève.
Les goélettes, bâtiments de plus fort tonnage, peuvent s'aventu-
rer plus loin et faire des prises beaucoup plus importantes. Elles

se multiplient avec le temps, mais elles coûtent cher et les petits pêcheurs indépendants peuvent difficilement lutter contre les armateurs qui disposent de gros capitaux. Vers le milieu du siècle, pour de multiples raisons, les morutiers et leurs installations passent sous le contrôle des marchands, et de plus en plus de pêcheurs sont réduits au statut de salariés. Ce glissement vers un mode de fonctionnement plus capitaliste est parallèle à des développements similaires dans le commerce des fourrures du Canada vers la même époque.

Dans cette colonie si résolument orientée vers le commerce, les marchands jouent un rôle extrêmement important. Même lorsqu'ils ne sont pas propriétaires et directeurs des entreprises de pêche, les négociants y participent : ils fournissent à crédit le sel, le rhum et les provisions aux habitants-pêcheurs, et prennent la morue sèche en guise de paiement. L'île Royale dépend entièrement du commerce outre-mer. La France lui vend le sel, le vin, les étoffes et les biens manufacturés ; le Canada, la farine et le biscuit de matelot ; des Antilles arrivent le rhum et le sucre ; enfin, la Nouvelle-Angleterre et la Nouvelle-Écosse acadienne lui fournissent — plus ou moins légalement — le bois de charpente et les bestiaux. Toutes ces importations se payent avec des cargaisons de morue. Cette économie si hautement spécialisée fait de l'île Royale un port de mer extrêmement fréquenté. Le trafic maritime y est encore plus dense parce que, en plus de l'importation et de l'exportation, l'île Royale sert d'escale et d'entrepôt. Louisbourg étant situé au cœur de l'Atlantique français, les navires du Canada, des Antilles, de la France y convergent, y déchargent leurs propres cargaisons et s'y procurent ce dont ils ont besoin avant de retourner à leur port d'attache. La contrebande en provenance de la Nouvelle-Angleterre toute proche ne fait que rehausser l'attrait de ce port.

Tout ce mouvement de marchandises procure commissions

et profits aux marchands coloniaux. De belles fortunes y sont amassées par des hommes comme Michel Daccarette, simple pêcheur basque quand il arrive dans la colonie, mais qui a vite fait de se lancer dans des activités d'entrepreneur en pêcherie, dans la construction navale et dans le commerce outre-mer. Assez nombreux, pleins d'ambition et de confiance en soi, les négociants de Louisbourg étendent leur emprise sur tous les aspects des pêcheries. Ils exercent une influence politique considérable sur le gouvernement colonial. Ils forment une élite dont l'importance est sans égale, car à l'île Royale, contrairement à ce qui se passe au Canada, les « ordres » privilégiés (le clergé et la noblesse) sont fort peu représentés. Dans tout Louisbourg, on ne trouve ni église paroissiale ni curé : ce sont des missionnaires comme les récollets qui disent la messe à la chapelle du Bastion du roi. Les sœurs de la Congrégation de Notre-Dame tiennent l'école des filles, et les récollets, celle des garçons. Autrement, nulle part ne voit-on l'Église catholique. Il y a bien quelques nobles, presque tous officiers, mais leurs liens avec la colonie sont très superficiels. En l'absence d'une agriculture viable, il n'y a pas de véritables seigneuries, et sans seigneuries, pas de noblesse terrienne coloniale.

À l'île Royale, l'activité se limite à la cueillette des ressources du plateau continental, au commerce avec l'ensemble du monde atlantique et à la fébrile préparation à l'affrontement entre les deux empires européens. Cette colonie du XVIIIe siècle est aussi résolument tournée vers la mer que le Canada et l'Acadie le sont vers la terre. Elle reflète un aspect de la société française au début de sa période moderne, soit la poursuite du profit par l'achat et la vente de biens et de services. Ce sont les intérêts divergents des patrons et des employés, des militaires et des citoyens qui sous-tendent quelques-unes des plus graves tensions sociales de cette incarnation de la société coloniale européenne.

La société nord-américaine du Canada, nous l'avons vu, est fort différente. À l'intérieur des terres, hors du Canada proprement dit, s'étendent les vastes pays d'en haut où cohabitent selon un mode unique Amérindiens et Européens. On n'y trouve pas de véritable société coloniale, c'est le pays des Autochtones, où les Français maintiennent une présence stratégique et commerciale importante. Le long du Mississippi, ceux-ci occupent également de minuscules avant-postes : très loin au sud, sur le golfe du Mexique, se trouve la Louisiane, encore une nouvelle variété de société coloniale qui a plusieurs affinités avec celle des îles sucrières des Antilles. Nous visitons ici ces régions de l'Ouest et du Sud en compagnie de François-Xavier de Charlevoix, grâce au récit d'un voyage qu'il fit en 1722 à partir de la colonie laurentienne à travers les pays d'en haut et sur le Mississippi, jusqu'à La Nouvelle-Orléans. Charlevoix a été professeur de grammaire au Collège des jésuites de Québec de 1705 à 1709. Bien qu'il soit membre de la Société de Jésus, son point de vue est davantage celui d'un chaud partisan de l'impérialisme français que d'un fanatique de l'évangélisation.

La première étape de son voyage en canot l'amène jusqu'au passage qui relie le lac Érié et le lac Sainte-Claire. Ici se trouve Détroit, « le plus bel endroit du Canada », selon Charlevoix, « le Fleuve et le Lac sont fort poissonneux, l'air pur, et le Climat tempéré, et fort sain ». À peine mentionne-t-il le fort Ponchartrain et sa garnison ou le poste de traite ; il n'attache pas non plus d'importance à la petite colonie agricole naissante. Au milieu du siècle pourtant, plusieurs habitants y exploiteront des fermes et Détroit sera en voie de devenir une colonie canadienne-française considérable. L'attention du voyageur se tourne plutôt vers les bourgades amérindiennes qui sont un élément plus frappant de la scène locale : le village habité par les Hurons-Tionnontates rassemble les survivants de deux nations iroquoiennes détruites par la guerre quatre-vingts ans auparavant ; un autre village appartient aux Poutéouatamis ; un troisième enfin est peuplé d'Outaouais. Tous ces peuples cultivent le maïs, mais les Poutéouatamis et les Outaouais tirent leur subsistance de la pêche et de la chasse davantage que de l'agriculture.

Géographiquement et politiquement, Détroit se situe au cœur de ce que l'historien Richard White nomme la « zone médiane », une région d'interaction complexe entre les peuples autochtones et les Européens. Les Hurons-Tionnontates, les Poutéouatamis et les Outaouais se trouvent ici en partie à cause de la présence des Français : ils commercent avec eux et considèrent le roi, et son représentant local, comme leur « père », c'est-à-dire le dispensateur de largesses, le coordonnateur en temps de guerre et l'arbitre qui règle les différends en temps de paix. Ils ne sont en rien des peuples conquis. Les Canadiens revendiquent l'Ouest pour la France, mais, dans leurs activités diplomatiques et commerciales avec les Amérindiens, ils sont bien obligés d'accepter l'indépendance foncière de ceux-ci et de s'adapter à leurs manières. Les Autochtones doivent aussi faire certains compromis, parce que, globalement, ils apprécient les marchandises qu'apportent les Canadiens et trouvent leur compte dans le système d'alliances parrainé par les Français. Les tensions sont inévitables, car les intérêts des nations indigènes divergent fréquemment, qu'il s'agisse des rapports que celles-ci entretiennent entre elles-mêmes et ensuite avec les Français ; de plus, la différence des cultures peut entraîner des malentendus dangereux. Par exemple, si le marché des fourrures est saturé et que les commerçants offrent moins de couteaux pour la peau de castor, les Autochtones peuvent soupçonner les Français de tenter de frauder leurs frères. Ou bien, si quelque querelle personnelle entre un Amérindien et un Français se termine par la mort du Français, on peut se demander si cela doit être considéré comme un « crime » jugé devant les tribunaux ou comme une offense qui doit être « compensée », à la manière indigène, par l'offrande de cadeaux à la famille en deuil. Les chefs de part et d'autre réussissent généralement à trouver des solutions aux problèmes qui surgissent, mais l'alliance doit être constamment entretenue par des cadeaux, des discussions et des négociations.

Pendant qu'il est à Détroit, le père de Charlevoix a la chance d'assister à une assemblée des trois peuples de Détroit avec le commandant français, monsieur de Tonti. Deux points sont à l'ordre du jour : un projet d'interdiction de la vente d'eau-de-vie aux Amérindiens et la proposition des Français de monter une campagne militaire commune contre les Outagamis (Renards), une nation algonquienne qui a quitté l'alliance plusieurs années auparavant. Pour ses lecteurs européens, Charlevoix dresse le décor : des « sauvages presque nus » aux coiffures ridicules ; « nulle marque de distinction ; nulle préséance ». Mais ce semblant de désordre est trompeur, insiste-t-il, car la réunion procède avec infiniment de dignité et de décorum. « Ils ont la repartie prompte, et leurs Harangues sont remplies de traits lumineux, qui auraient été applaudies dans les Assemblées Publiques de Rome et d'Athènes. » L'orateur qui prend la parole au nom des Hurons-Tionnontates, et dont le nom n'est pas mentionné, impressionne particulièrement le jésuite humaniste. « Son air, le son de sa voix, quoiqu'il ne fit aucun geste, me parurent avoir quelque chose de noble et d'imposant. » L'effet en est peut-être « convaincant », mais la substance de ce discours n'en est pas moins une rebuffade à Tonti. Reprochant aux Français d'avoir conclu une paix séparée avec les Outagamis à une période antérieure de la guerre, les Hurons-Tionnontates et leurs alliés refusent de prendre part à toute offensive de grande envergure.

Après Détroit, le voyage de Charlevoix se poursuit sur le lac

Huron jusqu'à Michilimakinac, poste important situé à l'entrée du lac Michigan. Sa prochaine étape est la baie des Puants (Green Bay), région riche en poisson, en gibier et en riz sauvage, où sont installées plusieurs nations autochtones. On y trouve une mission et un fort français au milieu des villages des Otchagras, des Sakis et de maints autres peuples. Poursuivant sa route vers le Sud, Charlevoix arrive à une bourgade des Miamis, au bout du lac Michigan. Ici, l'auteur assiste à un jeu de hasard qui se pratique à l'aide de paquets de pailles et qui oppose les Miamis à un groupe de visiteurs poutéouatamis. Les Miamis, remarque-t-il, aiment la crosse et en pratiquent diverses versions, selon le nombre de joueurs disponibles. « Les Joueurs sont partagés en deux bandes, qui ont chacune leur Poteau, et il s'agit de faire aller la Balle, jusqu'à celui de la Partie adverse, sans qu'elle tombe à terre, et sans qu'elle soit touchée avec la main [...]. Ces Sauvages sont si adroits à prendre la Balle avec leurs Crosses, que quelquefois ces Parties durent plusieurs jours de suite. » Les femmes jouent aussi à la crosse.

Par de petits portages, Charlevoix se rend jusqu'au Mississippi et arrive au pays des Illinois, une confédération populeuse regroupant quatre nations distinctes, qui vivent toutes de la chasse au bison et de la culture du maïs. L'auteur juge que, ne trahissant pas d'animosité pour la foi chrétienne, ils sont des amis sûrs pour les Français. On trouve une mission jésuite à Raskaskia et une place forte française, le fort de Chartres. « Et tout l'entredeux, écrit Charlevoix, commence à se peupler de François. Quatre lieues plus loin et à une lieue du Fleuve, il y a une grosse Bourgade de François, presque tous Canadiens. » Faisant officiellement partie de la Louisiane, les établissements des Illinois se développent comme une colonie agricole qui envoie des barges pleines de farine de froment à La Nouvelle-Orléans. Moins important que dans le delta du Mississippi, l'esclavage est néanmoins plus fréquent ici qu'au Canada. Sur une population coloniale de 2 573 âmes en 1752, les Illinois comptent 890 esclaves noirs et 147 esclaves amérindiens.

Les eaux opaques du Mississippi dissimulent des branches submergées qui auraient vite fait de crever les canots d'écorce de bouleau du Nord, aussi Charlevoix et son groupe s'embarquent-ils à bord d'une pirogue, un tronc de noyer évidé, pour la suite de leur parcours. Leur destination est le delta du fleuve, où les Français concentrent leurs efforts de colonisation. Comme le Canada, la Louisiane est une petite région entièrement occupée par les Français et entourée d'un vaste territoire habité par des peuples indigènes indépendants qui entretiennent des relations avec la France. Toute cette entreprise coloniale n'en est qu'à ses difficiles débuts au moment de la visite de Charlevoix en 1721, et les jeunes plantations ne l'impressionnent pas du tout. À La Nouvelle-Orléans, qui n'est encore qu'un ramassis de baraques, le jésuite ne trouve « rien de fort remarquable » ; la navigation sur les passes du Mississippi et sur les côtes du golfe du Mexique est extrêmement traîtresse. Se rendant jusqu'à Biloxi, sur la côte de ce qui est aujourd'hui l'État du Mississippi, Charlevoix souffre d'une hépatite ; mais il se remet, contrairement aux centaines de colons qui succombent au climat délétère semi-tropical de la région. Biloxi et Mobile, établissements français sur le golfe du Mexique, doivent leur existence économique à la traite des peaux de cerf avec les Tchactas de l'intérieur. Alliés des Français, ceux-ci sont en perpétuel conflit avec les Chicachas, partenaires de traite des Anglais des Carolines. Anglais et Français pressurent leurs alliés respectifs pour en obtenir non seulement des quantités prodigieuses de cuir de cerf, mais aussi des prisonniers de guerre destinés à l'esclavage.

À l'époque où Charlevoix visite la Louisiane, celle-ci a mauvaise réputation en France, surtout à cause des sommes formidables qu'y a consacrées la Compagnie d'Occident de John Law, sans résultats apparents. Un grand nombre de forçats et d'engagés y sont envoyés de France et d'Allemagne, de même que quelque 2 000 esclaves africains, mais la moitié de ces nouveaux venus succombent à la maladie. La population de la Louisiane s'accroît tout de même, de sorte qu'à la fin du régime français on y compte environ 4 000 Blancs et 5 000 Noirs. Les Amérindiens, ceux qui vivent près des établissements coloniaux, comme les peuples de la zone médiane, sont toujours plus nombreux que Noirs et Blancs réunis. Le peu de cas que fait Charlevoix de la Louisiane est peut-être dû à son économie chancelante, qui offre un contraste si frappant avec celle de Saint-Domingue et des autres îles sucrières des Antilles françaises. La Louisiane parviendra pourtant à instaurer avec la France un commerce appréciable, y expédiant divers produits, dont la peau de cerf de l'intérieur, de même que le tabac et l'indigo des plantations.

La Louisiane est une colonie du XVIIIe siècle et, à l'instar de sa contemporaine, l'île Royale, on y trouve peu de traces du caractère « féodal » du Canada. Ici, le gouvernement a écarté la tenure seigneuriale et concède les terres aux planteurs sous forme de francs-alleux. Ceux qui peuvent réunir une main-d'œuvre suffisante cherchent à faire fortune dans les cultures commerciales — généralement, le tabac et l'indigo — ou dans la culture vivrière — le maïs et le riz — destinée au marché colonial. On y trouve des fermes familiales, comme celles des habitants, de même que des plantations qui emploient une abondante main-d'œuvre composée d'esclaves et de travailleurs libres. Mais, en général, il s'agit surtout de petites plantations où le propriétaire travaille coude à coude avec deux ou trois esclaves ou engagés. Les occasions de faire fortune dans l'agriculture sont limitées, aussi, les riches planteurs investissent fréquemment dans le commerce, alors que les colons moins fortunés partent en expédition à l'intérieur du pays pour chasser le cerf ou se livrer à la traite avec les Autochtones.

Avec le temps, l'institution de l'esclavage prend de plus en plus d'importance, soumettant au joug des centaines d'Amérindiens et des milliers d'Africains. L'esclavage noir ne dominera jamais la société de la Louisiane cependant, car il ne s'agit pas ici des Antilles, où une petite minorité de tout-puissants planteurs règne sur la majorité asservie. On y rencontre même de nombreux Blancs qui sont pauvres ; en fait, plusieurs d'entre eux, surtout les soldats et les engagés, sont asservis, du moins temporairement, et sont soumis au même régime dégradant que les esclaves africains. Très souvent, les conditions de travail dans les plantations sont d'une dureté inouïe, et les punitions infligées aux esclaves qui tentent de se rebeller ou de s'enfuir sont parfois effrayantes. Cependant, sous le régime français, en Louisiane, l'esclavage ne se réduit pas au travail dans les plantations. Bien des Noirs travaillent en ville comme artisans et domestiques ; certains même parcourent l'intérieur pour chasser, ce qui leur procure évidemment une grande autonomie. Même les travailleurs des champs ont habituellement l'occasion de cultiver un potager pour se nourrir ou pour en tirer profit. Et malgré tous les efforts du régime pour dresser les Autochtones contre les Africains, bien des esclaves s'échappent et recouvrent leur liberté dans un village indigène ou au sein d'un groupe d'esclaves marrons errants. L'affranchissement donne aussi à la colonie une population noire libre assez importante. En dépit de la brutalité inhérente à l'esclavage, on peut dire que, dans la Louisiane du XVIIIᵉ siècle, cette pratique montre une souplesse qui contraste violemment avec l'esclavage racial plus rigide du Sud au XIXᵉ siècle.

Daniel Usner, dont les recherches ont transformé notre perception de la colonie française du Mississippi, souligne « les échanges interculturels » qui caractérisent la vie en Louisiane.

Autochtones, Africains et Européens de toutes les classes sociales sont constamment en contact. Les relations sexuelles inter-ethniques et le mélange des races qui s'ensuit n'en sont qu'un aspect. Les « habitudes alimentaires » de la colonie constituent une autre preuve du métissage culturel. À La Nouvelle-Orléans, on consomme la farine de blé qui vient des Illinois, le maïs acheté aux Autochtones des environs, le riz que les Africains ont contribué à introduire dans les marécages du delta, les légumes verts cultivés par les colons allemands, le gombo cher aux es-claves noirs et la graisse d'ours (pour la cuisson) fournie par les Amérindiens de l'intérieur. « Les origines de la légendaire cuisine créole de la Louisiane, nous dit Usner, se trouvent dans le pro-cessus syncrétique du changement culturel. » Il en va de même pour d'autres aspects de la culture : colonisateurs et colonisés empruntent les uns aux autres, façonnent et modifient leurs modes de vie respectifs, mais sans jamais les fondre. Ici, comme au Canada, la prépondérance des Français ne signifie pas l'assi-milation des autres selon une norme européenne unique. Au contraire, l'assimilation joue dans les deux sens et crée encore une fois une société coloniale nord-américaine particulière.

Épilogue

La chute de la Nouvelle-France

Érigé sur une période d'un siècle et demi, l'empire français d'Amérique septentrionale s'effondre soudain entre 1758 et 1760. La guerre de Sept Ans (en Amérique, de 1754 à 1760) commence par une série de victoires françaises, illustrées par de nombreuses incursions d'Amérindiens et de Canadiens français en territoire britannique. Mais enfin, répondant aux appels pressants de ses treize colonies assiégées, la Grande-Bretagne décide de faire un effort gigantesque pour écraser la puissance de la France au Canada. Même si le cœur du conflit se situe en Europe et que des combats se déroulent partout au monde, le premier ministre William Pitt donne la priorité au théâtre des opérations d'Amérique du Nord. Dès l'automne 1758, quelque 42 000 soldats anglais et coloniaux sont rassemblés, prêts à attaquer la Nouvelle-France. Fait tout aussi significatif, environ le quart de la redoutable flotte britannique se déploie dans l'estuaire, maîtrisant le Nord-Ouest de l'Atlantique si totalement que les flûtes de la marine royale de France qui transportent vivres et munitions ne passent plus. La France et l'Angleterre s'affrontent en Amérique depuis six décennies sans résultats concluants ; désormais, l'équilibre des forces bascule brusquement au détriment des Français et, pour la première fois, les Anglais peuvent envisager avec réalisme non pas de simples gains territoriaux et autres avantages stratégiques, mais la victoire totale.

Le blocus naval qui étouffe le commerce à l'entrée du Saint-Laurent a des conséquences désastreuses pour le Canada et pour les pays d'en haut. Dans la colonie laurentienne, ses effets, combinés à une longue série de mauvaises récoltes, produisent une pénurie de tous les biens essentiels, surtout de vivres. En même temps, l'effort militaire sans précédent et son vorace appétit d'approvisionnement font peser sur la colonie des exigences auxquelles il est impossible de répondre. Dans les villes, ce sont les civils qui sont le plus durement frappés ; au cours de l'hiver de 1758-1759, la famine se fait menaçante. À Québec, on dit que « les ouvriers et les artisans, rongés par la faim, ne peuvent plus travailler ; ils sont si faibles, qu'ils peuvent à peine se tenir debout ». Pour tenter de soulager les villes et de ravitailler l'armée, des pelotons de soldats en armes parcourent les campagnes et réquisitionnent les céréales. Pendant ce temps, dans les pays d'en haut, les commandants des forts ne reçoivent plus les cadeaux et les marchandises de traite qui leur permettent de jouer leur rôle de bon « père ». Qui plus est, sous la pression de la guerre qui s'intensifie, les Français adoptent une attitude cavalière à l'égard des nations autochtones des Grands Lacs et de l'Ohio ; ils abandonnent ni plus ni moins les compromis culturels qui étayent les relations dans la « zone médiane », aliénant ainsi leurs alliés. Quand arrivent les Anglais avec d'importantes troupes, la majorité des groupes amérindiens font la paix avec les envahisseurs, entre autres raisons pour débarrasser le pays des Français maintenant honnis. Ces défections ouvrent la voie aux Britanniques, qui ont tôt fait de s'emparer de Détroit et de toutes les autres places fortes de l'Ouest.

Pendant ce temps, deux grandes armées envahissent le Canada ; la première progresse difficilement dans le corridor puissamment défendu qui conduit à Montréal par le lac Champlain. La seconde emprunte la voie maritime du golfe du Saint-Laurent. Cette route impose des assauts par terre et par mer et rend obligatoire le siège de Louisbourg en 1758 ; siège onéreux mais réussi, qui permet de procéder ensuite à celui de Québec dont les défenses s'étaient révélées jusque-là imprenables. Semaine après semaine, pendant tout l'été de 1759, les batteries anglaises canonnent impitoyablement la capitale, pendant que des bandes de pillards écument les côtes du Saint-Laurent, à la manière des flibustiers. Enfin, une bataille décisive sur les plaines d'Abraham livre Québec aux Anglais. Cette bataille, devenue si célèbre à cause de son caractère tragique, ne constitue pourtant alors qu'un épisode à l'intérieur d'une guerre beaucoup plus vaste. Des historiens ont souligné que la victoire a été enlevée de justesse ; qu'il s'en est fallu de bien peu, d'un peu de chance peut-être, pour que les Français l'emportent. Mais alors, une issue différente aux plaines d'Abraham aurait-elle conservé le Canada à la France ? C'est peu probable. Les forces que l'Angleterre avait engagées étaient tout simplement écrasantes. Non pas une, mais bien trois armées assiègent la colonie, à l'ouest, au sud et à l'est. Pendant l'été de 1760, toutes trois convergent vers Montréal, la dernière place forte française. Quand le Canada finit par se rendre aux envahisseurs le 9 septembre 1760, il y a plus de deux ans que son sort est plus ou moins scellé.

L'Angleterre a le vent en poupe pendant la dernière partie de la guerre de Sept Ans. La Prusse, son alliée européenne, remporte la victoire en Europe centrale et la Grande-Bretagne elle-même enlève l'une après l'autre les possessions françaises : les comptoirs de traite des Noirs sur les côtes d'Afrique, les établissements des Indes et les précieuses îles sucrières des Antilles. Puis l'Espagne entre en guerre aux côtés de la France, et les

Anglais s'emparent immédiatement de La Havane et de Manille. La guerre se termine en 1763 par des arrangements diplomatiques complexes. La Grande-Bretagne se voit concéder presque toute l'Amérique du Nord. La France conserve des droits de pêche sur le Grand Banc de Terre-Neuve, mais l'île Royale est annexée à la Nouvelle-Écosse, et le Canada devient une colonie britannique. À peine touchée par la guerre, la Louisiane est divisée : l'Ouest, y compris La Nouvelle-Orléans, échoit à l'Espagne, et l'Angleterre en obtient la partie est, avec la Floride jusque-là espagnole.

Quel rôle les gens de la Nouvelle-France ont-ils joué dans cette aventure géopolitique de conquête et de défaite ? La configuration sociale esquissée dans les chapitres précédents a-t-elle joué un quelconque rôle de catalyseur ? Les historiens du XIXe siècle ont parfois laissé entendre que la lutte implacable entre les Français et les Anglais en Amérique du Nord était en quelque sorte le résultat de différences essentielles entre les deux nations, aboutissant à d'irréductibles incompatibilités entre des sociétés coloniales opposées ; on trouve encore des vestiges de ce point de vue dans certaines interprétations modernes de l'histoire. Autre opinion, tout aussi mal fondée à mon avis : la Nouvelle-France était condamnée à la défaite dans ce combat inévitable à cause d'une tare qui devait lui être fatale.

Bien sûr, les sociétés coloniales françaises et anglaises en Amérique du Nord se distinguaient de nombreuses façons : différences de langue, de religion, d'institutions politiques ou dans les relations avec les Autochtones. Mais au sein des deux camps on trouvait aussi une importante diversité. La grande Nouvelle-France du XVIIIe siècle comprend la société relativement européenne du Canada, avec son aristocratie militaire, sa vie rurale féodale, ses villes et la foule bigarrée de ses marchands, artisans, prêtres, religieuses, soldats et administrateurs. L'île Royale, pour sa part, a un caractère beaucoup plus capitaliste : la pêche et le commerce y laissent peu de place à la féodalité, alors que l'Acadie est dominée par une paysannerie libre. L'esclavage et les plantations sont des éléments essentiels de la vie en Louisiane ; dans l'arrière-pays, comme dans les pays d'en haut du Canada, divers modes de vie indigènes prédominent, et la poignée de Français qui fréquentent ces régions doit s'adapter à cette réalité. L'Amérique septentrionale française, comme l'Amérique du Nord britannique, n'est pas un tout homogène. En cherchant les causes de cette guerre sans merci, on peut découvrir des affinités entre les régions voisines des empires rivaux — Louisiane et Caroline, Canada et New York, île Royale et Massachusetts — autant qu'une dichotomie culturelle fondamentale.

En réalité, pendant presque toute la période coloniale, la paix règne entre la Nouvelle-France et l'Amérique britannique, et quand elles en viennent aux prises, c'est rarement au sujet de questions purement coloniales. L'hostilité des nations indigènes telles que les Micmacs envers les puissances coloniales a des causes réelles et profondément ancrées, et puisque les Anglais représentent habituellement la menace la plus grave, les Amérindiens s'allient souvent aux Français. Mais — mise à part l'obéissance qu'ils doivent à leur roi — les Canadiens français ont peu de raisons de faire la guerre aux colons de la Nouvelle-Angleterre. Il y a certes des escarmouches dans les régions disputées, comme à Terre-Neuve et dans la baie d'Hudson, mais en somme les deux nations colonisent des territoires distincts, et les points de friction sont peu nombreux. Des historiens ont émis l'opinion que la concurrence dans le commerce des fourrures de l'Ouest mettait aux prises Anglais et Français dans un combat à mort ; mais les recherches récentes indiquent que les rivalités du commerce international dans ce domaine étaient le résultat de l'antagonisme entre les deux peuples plutôt que sa cause, les deux puissances utilisant la traite pour attirer dans leur orbite commerciale et diplomatique les peuples indigènes. Il semble en effet que, si on les avait laissé faire, les Canadiens français et les Anglo-Américains se seraient probablement partagé le continent comme l'ont fait en Amérique latine les Espagnols et les Portugais, pas toujours pacifiquement sans doute, mais sans songer à s'éliminer réciproquement.

Dans l'Amérique du Nord coloniale, la guerre, c'est-à-dire la guerre entre Anglais et Français, est largement d'importation européenne. Le Canada entre en guerre parce que la France le fait. Les hommes des communautés iroquoiennes du Saint-Laurent, avec les troupes de la marine et les miliciens canadiens, comme leurs alliés des pays d'en haut, harcèlent par de rapides incursions l'ennemi désigné. Tant et aussi longtemps que la guerre est conduite surtout par les Nord-Américains eux-mêmes, la Nouvelle-France a le haut du pavé : bien que les Anglo-Américains soient infiniment plus nombreux, le Canada français, grâce à son régime autoritaire, est fort bien préparé à la guerre et, ce qui est encore plus important, la Nouvelle-France peut s'appuyer sur les Amérindiens. Ainsi, la thèse qui veut qu'une tare de la société coloniale française la condamnait à la défaite de 1760 est impossible à soutenir, car l'histoire militaire du Canada démontre sa force plutôt que sa faiblesse pendant presque toute la période. En un certain sens, c'est cette force même qui cause sa perte, car les premiers succès des Français au début de la guerre de Sept Ans galvanisent l'Angleterre et les colonies britanniques de l'Amérique du Nord et provoquent leur extraordinaire mobilisation. Ce qui scelle le sort de la Nouvelle-France, c'est la brusque européanisation du conflit en 1758. Quand la Grande-Bretagne lance dans la mêlée hommes, vaisseaux et armements, les méthodes de combat, tout comme l'équilibre des forces, changent brusquement, et la guerre d'escarmouches chère aux Canadiens ne fait plus le poids. Bref, l'engagement de la Nouvelle-France dans une guerre aux enjeux plus vastes et sa défaite finale sont le résultat de l'intervention européenne ; son modèle de société coloniale n'y est pour rien.

Que dire des conséquences de la Conquête ? Aux yeux de générations de Canadiens, anglais et français, cet événement représente le principal cataclysme de l'histoire de leur pays, une défaite humiliante qui est au cœur du nationalisme québécois et un coup dur porté au développement social du Canada français, qui le laisse arriéré et appauvri pour des siècles. Bien entendu, au bout du compte, la Conquête a eu des répercussions d'une grande portée pour le Canada ; sans elle, il n'y aurait jamais eu ni Canada anglais ni État fédéral binational. Mais le Canada français a-t-il été humilié par la Conquête ? Est-il vraiment entré dans une ère de désarroi social à compter de ce moment ?

Ce n'est certes pas la perception de la majorité des contemporains en ces années 1760. Il est clair pour eux que l'Angleterre a vaincu la France et s'est adjugé le Canada en prime. Les Canadiens français n'ont aucune raison de se percevoir comme un peuple vaincu et humilié, et on voit peu d'indices, au cours des décennies qui suivent, qui permettent de croire qu'ils l'aient fait. Sans doute, ils craignent de perdre leurs propriétés, de voir persécutée la religion catholique ou même d'être déportés, comme les Acadiens et les habitants de l'île Royale si peu de temps auparavant. Ces inquiétudes se révèlent vite sans fondement cependant, car une fois la guerre terminée la Grande-Bretagne n'a pas intérêt à dépeupler la colonie, ni le désir de le faire. Évidemment, d'épineuses questions portant sur le système juridique, le statut de l'Église et l'accession des Canadiens français aux postes officiels doivent être résolues. Qui plus est, certains résidants — administrateurs, marchands et officiers — quittent la colonie dès qu'elle passe aux mains des Britanniques ; mais il est exagéré de voir en cet exode une « décapitation » sociale, surtout parce que ces départs sont le fait de Français de la métropole qui auraient probablement quitté le Canada même s'il était resté français. En tant que colonie, la Nouvelle-France a toujours été dominée par des intendants, des évêques et, dans une large mesure, des juges et des marchands européens. Après 1760, elle est administrée par un autre groupe d'étrangers qui sont britanniques plutôt que français. Il n'y a là rien de remarquable aux yeux de la plupart des contemporains, car le nationalisme — la conviction que gouvernants et gouvernés doivent partager la même identité ethnique et linguistique — n'avait alors cours presque nulle part au monde.

L'idée selon laquelle le Canada français serait un pays conquis plutôt qu'une colonie cédée surgit à une tout autre époque, qui s'ouvre presque un siècle après la fin de la guerre de Sept Ans. Entre la Conquête et l'émergence du mythe de la Conquête s'étend une longue période fertile en incidents et en événements d'une importance capitale au Canada et dans l'ensemble du monde atlantique. La Révolution américaine, la Révolution haïtienne, les guerres d'indépendance en Amérique latine, tout cela met fin à la domination impérialiste de l'Europe presque partout dans l'hémisphère. La Révolution française et les guerres napoléoniennes ébranlent les anciens régimes, et le « principe de la nationalité » gagne des partisans partout en Europe. Cette effervescence mondiale se fait sentir au Canada français. L'un des résultats en sera la Rébellion de 1837-1838, révolte à caractère nationaliste et démocratique contre le régime britannique, inspirée par une conception républicaine de l'indépendance nationale (et certainement pas, comme on l'a prétendu parfois, par un quelconque désir de retomber sous le joug des Bourbons). Ce n'est qu'après l'écrasement de cette insurrection et après que le Bas-Canada — la partie majoritairement francophone du pays — a été rattaché aux colonies anglophones de l'Amérique du Nord britannique que les éléments les plus conservateurs de l'élite canadienne-française se prennent à rêver avec nostalgie à l'épopée glorieuse de la Nouvelle-France. L'idéalisation d'un régime français catholique prétendument conservateur s'accompagne de la notion que le conflit franco-anglais est irréductible et immuable. Cette idée que « les Anglais » sont l'ennemi naturel et que la Conquête a été un désastre social qui a ruiné le développement du Canada français gagne du terrain pendant la seconde partie du XIXe siècle ; les Français sont alors en train de perdre leur influence politique au profit d'un Canada anglais qui prend de plus en plus d'expansion, et les simples citoyens canadiens-français voient leur vie perturbée par un capitalisme qui semble ne parler que l'anglais et ne profiter qu'aux anglophones. Le mythe de la Conquête, cette certitude que la cession a été une tragédie épique à caractère social autant que politique, naît des tensions sociales des années 1860 et non pas de 1760. Comme l'économie politique du capitalisme canadien continue à se développer au détriment du Québec français, le mythe de la Conquête maintient son emprise tout au long du XIXe siècle.

Nul doute que, tout de suite après la Conquête, le Canada soit une société traumatisée. Mais le traumatisme est causé bien plus par la guerre elle-même que par la cession à la Grande-Bretagne. À Québec et dans sa région, la destruction matérielle a été immense. Ce qui n'arrange rien, la France choisit ce moment pour désavouer partiellement ses dettes, ruinant ainsi plus d'une fortune coloniale. La reconstruction demande des années. Mais la Conquête en soi, le passage de la Nouvelle-France d'un empire à l'autre, ne touche la société canadienne-française que de façon limitée et sélective.

Pour la plupart des gens, et dans presque tous les aspects de leur vie, l'avènement du régime britannique ne change à peu près rien. Les habitants, c'est-à-dire l'immense majorité des Canadiens français, poursuivent leur mode de vie agraire, colonisant des étendues toujours plus vastes de la vallée du Saint-Laurent. L'autosuffisance familiale élémentaire reste au cœur de leur économie, mais de plus en plus d'habitants, qui ont la chance de disposer d'un sol excellent pour la culture d'un blé de première qualité, récoltent des surplus considérables pour la vente outre-mer. Si l'accès au marché impérial britannique stimule ce développement, la tendance à la culture d'exportation a commencé longtemps avant la Conquête. La dîme et les redevances seigneuriales sont maintenues sans modifications importantes, bien que quelques-uns des seigneurs soient maintenant des marchands et des officiers anglais qui ont racheté leur fief aux seigneurs qui ont choisi de partir. Avec le temps, les redevances pèsent plus lourd sur la paysannerie, à mesure que la terre se raréfie et que l'agriculture se fait moins lucrative, mais là encore cette tendance sous le régime britannique n'est que le point culminant de ce qui était déjà commencé sous le régime français ; la Conquête n'est qu'un accident de parcours.

C'est au sommet de la pyramide de la société canadienne-française que le changement de maîtres se fait lourdement sentir. Le clergé ne reçoit plus de subventions et ne fait plus partie de l'État, maintenant officiellement protestant. Cependant, l'Église catholique s'accommode de la situation, tisse tranquillement des relations satisfaisantes pour elle avec les gouverneurs britanniques qui se succèdent et découvre par ailleurs les bienfaits de l'indépendance d'une Église désormais hors de portée du très catholique roi de France. La noblesse est durement touchée par la disparition de l'armée coloniale et par la fin des carrières militaires dont elle en était venue à dépendre. L'augmentation des revenus tirés des seigneuries compense un peu, mais les nobles ne peuvent plus compter sur les privilèges qu'on leur accordait jadis. Le commerce canadien souffre aussi de la Conquête. Les négociants de Grande-Bretagne et des treize colonies envahissent la vallée du Saint-Laurent dans le sillage des armées, apportant avec eux des marchandises bon marché qui ruinent les affaires des marchands établis. Les liens d'affaires avec l'Angleterre et les contacts avec l'armée d'occupation sont d'une importance capitale maintenant que le négoce doit s'orienter au sein d'un système impérialiste différent ; les importateurs et exportateurs canadiens-français sont immédiatement supplantés. Les marchands de fourrures de Montréal survivent quelque temps, mais, en moins de vingt ans, les capitalistes anglais les auront délogés.

La Conquête change-t-elle le sort des femmes ? Dans la plupart de leurs aspects essentiels, il semble que les relations de pouvoir entre les sexes demeurent inchangées. Le droit civil canadien-français, y compris les principes de la propriété matrimoniale et des droits de succession, est maintenu après une courte période d'incertitude. Les visiteurs européens, anglais maintenant plutôt que français, continuent de souligner le caractère indépendant et dominateur des Canadiennes. L'idéologie des rapports entre les sexes change énormément au cours du XIX\ :superscript:`e` siècle, et les femmes se voient interdire la vie politique avec de plus en plus d'insistance. Mais cela se passe longtemps après la Conquête, et ce changement reflète une tendance internationale que l'on retrouve en France autant qu'en Grande-Bretagne et dans l'Amérique du Nord anglophone.

Les Iroquois, les Hurons et les autres Autochtones de la colonie laurentienne ont certainement souffert de la Conquête. Plus exactement, la fin du conflit entre la France et l'Angleterre réduit leur valeur comme auxiliaires militaires et diminue leur capacité de négocier et de manœuvrer. Sous le régime britannique, les administrateurs voudraient bien obtenir l'allégeance de la population indigène, puisque la guerre se profile encore à l'horizon — cette fois contre les États-Unis et la France. Après 1820, la paix semble assurée, et l'aide iroquoise ne paraît plus nécessaire. Alors, on coupe progressivement les subventions qui entretenaient l'allégeance. À Kahnawake et à Oka, l'empiètement sur le territoire des Amérindiens sape leur économie agraire juste au moment où disparaît le tribut payé par le gouvernement. Bien des hommes iront chercher ailleurs des revenus dans la traite des fourrures du Nord-Ouest et dans l'exploitation forestière, mais la paupérisation affecte les communautés autochtones dans l'ère de l'après-Conquête.

Dans les pays d'en haut, la fin de la guerre provoque une transition pénible pour les nations autochtones de l'Ouest, qui perdent toute marge de manœuvre. La guerre de Sept Ans avait tenu en échec les colons et les spéculateurs fonciers, mais bientôt, ils dévalent les Appalaches en dépit des efforts de la Grande-Bretagne pour réserver le territoire aux Amérindiens. Qui plus est, l'armée britannique, après avoir délogé les Français de Détroit et des autres postes de la région, s'est installée en armée d'occupation malgré les protestations des Autochtones. Elle met un terme aux « cadeaux », symboles d'alliance. Le refus généralisé des Anglais de jouer le rôle de « père » entraîne la reconstitution d'une alliance antibritannique formée de plusieurs peuples de l'Ouest, qui, sous la conduite de Pontiac, réussit presque à chasser les Anglais de la région. Cette tradition des alliances pan-amérindiennes constitue l'un des legs de la domination française dans les pays d'en haut. Créer l'unité chez ces groupes culturellement différents et politiquement fragmentés est une entreprise ardue, mais après l'aventure de Pontiac jusqu'au début du XIXe siècle, des efforts concertés réussissent à ralentir la poussée anglo-américaine. Que les Britanniques, maintenant en guerre avec leurs propres colons, aient dû endosser une partie du rôle d'Onontio, cela aide dans une certaine mesure, mais la résistance vient d'abord des Amérindiens eux-mêmes.

Ainsi, la Nouvelle-France a vécu. Elle disparaît dans son sens restreint de « Canada » et dans sa configuration continentale qui englobait les pays d'en haut et les autres enclaves françaises. Après la Conquête, les Maritimes prennent un caractère franchement britannique. Les résidants de l'île Royale sont tous déportés, un peu moins brutalement pourtant que les Acadiens quelques années plus tôt. Bientôt, des colons de la Nouvelle-Angleterre se répandent dans la région, suivis d'immigrants britanniques et de réfugiés loyalistes. Quand les Acadiens reviendront petit à petit plusieurs années plus tard, ils se retrouveront isolés géographiquement, culturellement et politiquement. En Louisiane, les éléments français et africains de la société coloniale, outre l'institution de l'esclavage, persistent sous le régime espagnol. L'arrivée de réfugiés acadiens qui colonisent les bayous du delta du Mississippi ne fait que renforcer le caractère français de la colonie. Sous Napoléon Ier, la France reprend possession de la Louisiane pour la vendre aussitôt à la jeune République américaine. La société sera complètement américanisée au cours du XIXe siècle, mais les manières françaises et créoles y perdurent, pittoresques vestiges folkloriques.

Si l'on cherche des legs de la Nouvelle-France, on peut en découvrir sur le plan le plus superficiel, dans les toponymes français — Cœur d'Alène, Terre Haute, Port Mouton — disséminés aux quatre coins de l'Amérique du Nord et invariablement écorchés dans la bouche des populations anglophones qui y résident. On peut aussi en trouver dans diverses enclaves situées au Canada et aux États-Unis où le français est toujours parlé. Héritage beaucoup plus important, bien sûr, les établissements canadiens du Saint-Laurent ont fourni les cadres —

langue, coutumes, droit — sur lesquels s'est appuyé le développement du Québec moderne (sans réduire pour autant le Québec à la simple survivance de l'ancien régime français; le Québec contemporain a été modelé par son passé colonial ni plus ni moins que le Connecticut ou l'Ontario). Mais il est un troisième aspect de ce que nous devons à la Nouvelle-France qui est d'une envergure plus grande et plus durable que ce que nous avons déjà mentionné: c'est son rôle comme partie essentielle de l'histoire coloniale de l'Amérique du Nord en général.

L'idée maîtresse de ce livre a été de présenter les gens de la Nouvelle-France comme les acteurs d'un processus de colonisation très important et multidimensionnel, et dans lequel l'« identité française » n'est qu'un des éléments principaux. Aux XVIIe et XVIIIe siècles, des immigrants catholiques venus de France, travaillant souvent de concert avec des Amérindiens, des Noirs et des protestants, reconstruisent sur les berges du Saint-Laurent une version de la société européenne. La société coloniale du Canada produit d'autres colonies plus petites, dont aucune n'est purement française, dans les Grands Lacs, le Mississippi et les Maritimes. Dans le cours de cette expansion, les Français rencontrent des douzaines de peuples autochtones, de l'Arctique jusqu'au golfe du Mexique, avec qui ils font du commerce et se battent, dont ils cherchent à gagner les bonnes grâces et auxquels ils s'allient. C'est là *un* élément, bien qu'il soit d'importance capitale, du phénomène plus large de la colonisation qui met en cause d'autres peuples indigènes de l'Amérique du Nord, de même que des colons anglais, espagnols et hollandais, et des Africains asservis. Parce qu'elle constitue, non pas simplement une communauté transplantée de l'Europe sur un vaste terrain, mais un modèle complet d'interaction entre Amérindiens et Européens, la Nouvelle-France a modelé le destin d'un continent tout entier.

Bibliographie sélective

Ouvrages généraux

CHARLEVOIX, Pierre-François-Xavier de, *Histoire et description générale de la Nouvelle-France, avec le journal historique d'un voyage fait par ordre du Roi dans l'Amérique septentrionale*, Paris, Rolin fils, 1744.

DECHÊNE, Louise, *Habitants et marchands de Montréal au XVIIe siècle*, Montréal et Paris, Plon, 1974.

ECCLES, W.J., *France in America*, Markham, Fitzhenry & Whiteside, 1990.

FRÉGAULT, Guy, *La civilisation de la Nouvelle-France*, Montréal, Fides, 1944.

HARRIS, R. Cole (dir.), *Atlas historique du Canada*, tome 1, *Des origines à 1800*, Montréal, Les Presses de l'Université de Montréal, 1986.

KALM, Pehr, *Voyage de Kalm au Canada en 1749*, traduction de Jacques Rousseau et Guy Bethune, Montréal, Pierre Tisseyre, 1977.

MATHIEU, Jacques, *La Nouvelle-France : les Français en Amérique du Nord, XVIe-XVIIIe siècle*, Québec, Presses de l'Université Laval, 1991.

TRUDEL, Marcel, *Initiation à la Nouvelle-France*, Toronto, Holt, Rinehart et Winston, 1971.

La population

CHARBONNEAU, Hubert, *Vie et mort de nos ancêtres. Étude démographique*, Montréal, Les Presses de l'Université de Montréal, 1975.

CHARBONNEAU, Hubert, *Naissance d'une population : les Français établis au Canada au XVIIe siècle*, Montréal, Les Presses de l'Université de Montréal, 1987.

GAUVREAU, Danielle, *Québec, une ville et sa population au temps de la Nouvelle-France*, Sillery, Les Presses de l'Université du Québec, 1991.

LANDRY, Yves, *Orphelines en France, pionnières au Canada : les filles du roi au XVIIe siècle*, Montréal, Leméac, 1992.

LANDRY, Yves et Rénald LESSARD, « Les causes de décès aux XVIIe et XVIIIe siècles d'après les registres paroissiaux québécois », *Revue d'histoire de l'Amérique française*, 48 (1995), p. 509-526.

MOOGK, Peter N., « Reluctant Exiles : Emigrants from France in Canada before 1760 », *William and Mary Quarterly*, 3rd series, 46 (1989), p. 463-505.

La vie rurale

DECHÊNE, Louise, « L'évolution du régime seigneurial au Canada. Le cas de Montréal aux XVIIe et XVIIIe siècles », *Recherches sociographiques*, vol. XII, n° 2 (mai-août 1971), p. 143-183.

DECHÊNE, Louise, *Le Partage des subsistances au Canada sous le régime français*, Montréal, Boréal, 1994.

DÉPATIE, Sylvie, Mario LALANCETTE et Christian DESSURAULT, *Contributions à l'étude du régime seigneurial canadien*, Montréal, HMH, 1987.

GREER, Allan, *Peasant, Lord and Merchant : Rural Society in Three Quebec Parishes, 1740-1840*, Toronto, University of Toronto Press, 1985.

HARRIS, R.C., *The Seigneurial System in Early Canada : A Geographical Study*, Madison, University of Wisconsin Press, 1966.

LAVALLÉE, Louis, *La Prairie en Nouvelle-France, 1647-1760 : étude d'histoire sociale*, Montréal, McGill-Queen's University Press, 1992.

Le paysage urbain

BOSHER, J. F., *The Canada Merchants, 1713-1763*, New York, Oxford University Press, 1987.

ECCLES, W. J., « The Social, Economic, and Political Significance of the Military Establishment in New France », *Canadian Historical Review*, 52 (mars 1971), p. 1-22.

GADOURY, Lorraine, *La Noblesse de Nouvelle-France : familles et alliances*, Montréal, Hurtubise HMH, 1991.

LACHANCE, André, *La Vie urbaine en Nouvelle-France*, Montréal, Boréal, 1987.

MIQUELON, Dale, « Havy and Lefebvre of Quebec : A Case Study of Metropolitan Participation in Canadian Trade, 1730-1760 », *Canadian Historical Review*, 56 (1975), p. 1-24.

Les femmes de la Nouvelle-France

BÉGON, Élisabeth, *Lettres au cher fils. Correspondance d'Élisabeth Bégon avec son gendre (1748-1753)*, Montréal, Hurtubise HMH, 1972.

CLICHE, Marie-Aimée, *Les Pratiques de dévotion en Nouvelle-France : comportements populaires et encadrement ecclésial dans le gouvernement de Québec*, Québec, Presses de l'Université Laval, 1988.

COLLECTIF Clio, *Histoire des femmes au Québec depuis quatre siècles*, Montréal, Hurtubise, 1982.

NOEL, Jan, « New France : Les femmes favorisées », dans V. STRONG-BOAG et A. FELLMAN (dir.), *Rethinking Canada : The Promise of Women's History*, Toronto, Copp Clark, 1986.

SPITTAL, W.G. (dir.), *Iroquois Women : An Anthology*, Ohoweken (Ontario), Iroqrafts, 1990.

ULRICH, Laurel Thatcher, *Good Wives : Image and Reality in the Lives of Women in Northern New England, 1650-1750*, New York, Knopf, 1982.

Les Français et les autres

AXTELL, James, *The Invasion Within : The Contest of Cultures in Colonial North America*, New York, Oxford University Press, 1985.

BÉDARD, Marc-André, *Les Protestants en Nouvelle-France*, Québec, Société historique de Québec, 1978.

DELÂGE, Denys, *Le Pays renversé : Amérindiens et Européens en Amérique du Nord-Est, 1600-1664*, Montréal, Boréal, 1985.

DEMOS, John, *The Unredeemed Captive : A Family Story from Early America*, New York, Norton, 1994.

JETTEN, Marc, *Enclaves amérindiennes : les « réductions » du Canada, 1637-1701*, Sillery, Septentrion, 1994.

RICHTER, Daniel K., *The Ordeal of the Longhouse : The Peoples of the Iroquois League in the Era of European Colonization*, Chapel Hill, University of North Carolina Press, 1992.

SNOW, Dean, *The Iroquois*, Oxford, Blackwell, 1994.

TRIGGER, Bruce, *Les Indiens, la fourrure et les Blancs : Français et Amérindiens en Amérique du Nord*, Montréal, Boréal, 1990.

TRUDEL, Marcel, *L'Esclavage au Canada français : histoire et conditions de l'esclavage*, Québec, Presses de l'Université Laval, 1960.

Au-delà du Canada proprement dit

CLARK, Andrew H., *Acadia : The Geography of Early Nova Scotia to 1760*, Madison, University of Wisconsin Press, 1968.

DAIGLE, Jean (dir.), *L'Acadie des Maritimes : études thématiques des débuts à nos jours*, Moncton, Université de Moncton, 1993.

DIÈREVILLE, Sieur de, *Relation du voyage de Port Royal de l'Acadi ou de la Nouvelle-France*, Amsterdam, P. Humbert, 1710.

GRIFFITHS, Naomi, *L'Acadie de 1686 à 1784 : contexte d'une histoire*, Moncton, Éditions d'Acadie, 1997.

MOORE, Christopher, *Visages de Louisbourg : la vie dans une forteresse au XVIIIᵉ siècle*, traduction de Michel Beaulieu, Montréal, Éditions du Trécarré, 1985.

USNER, Daniel H., *Indians, Settlers, & Slaves in a Frontier Exchange Economy : The Lower Mississippi Valley before 1783*, Chapel Hill, University of North Carolina Press, 1992.

WHITE, Richard, *The Middle Ground : Indians, Empires and Republics in the Great Lakes Region, 1650-1815*, New York, Cambridge University Press, 1991.

Épilogue : La chute de la Nouvelle-France

BRUNET, Michel, *Les Canadiens après la Conquête, 1759-1775*, Montréal, Fides, 1969.

COOK, Ramsay, *The Maple Leaf Forever : Essays on Nationalism and Politics in Canada*, Toronto, Macmillan, 1971.

FRÉGAULT, Guy, *La Guerre de la Conquête*, Montréal, Fides, 1955.

GAGNON, Serge, *Le Québec et ses historiens de 1840 à 1920 : la Nouvelle-France de Garneau à Groulx*, Québec, Presses de l'Université Laval, 1978.

Index

Index

Table des matières